# 每天懂点销售心理策略

张高峰◎编著

中国纺织出版社

# 内 容 提 要

不少销售人员在销售中遇到的各种问题，其实都与心理活动有着千丝万缕的联系，销售员懂一些心理策略，是销售制胜的法宝。

本书深入阐述销售心理秘诀，从实用性的角度出发，结合案例，针对销售人员在具体销售过程中遇到的各种问题，从心理学的角度给予分析，并给出具体的指导方法，希望能对广大身处一线的销售朋友们有所帮助！

**图书在版编目(CIP)数据**

每天懂点销售心理策略/张高峰编著.—北京：中国纺织出版社，2017.5 (2017.10重印)

ISBN 978-7-5180-3218-1

Ⅰ.①每… Ⅱ.①张… Ⅲ.①销售—商业心理学—通俗读物 Ⅳ.①F713.55-49

中国版本图书馆CIP数据核字(2017)第018219号

---

责任编辑：闫星　　责任印制：储志伟

---

中国纺织出版社出版发行

地址：北京市朝阳区百子湾东里A407号楼　邮政编码：100124

销售电话：010—67004422　传真：010—87155801

http://www.c-textilep.com

E-mail:faxing@c-textilep.com

三河市延风印装有限公司印刷　各地新华书店经销

中国纺织出版社天猫旗舰店

官方微博 http://weibo.com/2119887771

2017年5月第1版　2017年10月第2次印刷

开本：710×1000　1/16　印张：17

字数：225千字　定价：38.00元

---

# 前言

现代社会，随着市场经济的发展和繁荣，人们对各式各样的商品的需求量也越来越大，这种情况下，销售也就顺势成为了一个热门行业，而作为销售人员，自然是希望能顺利将产品推销出去，希望销售业绩良好，因为销售业绩如何，直接关系到销售员自身的生存状况、生活质量乃至职场命运。

销售是一项伟大的事业，却并非是一件容易做的事业，事实上，不少销售人员都有这样的那样的困扰，比如：为什么我还没开口，就被客户拒绝呢？为什么客户明明对我们的产品表现得很有兴趣却就是不购买呢？为什么我苦口婆心地劝说客户购买，客户还是无动于衷呢？为什么客户就要购买了，却又反悔了呢？销售中出现的一些形形色色的客户又有什么不同的应对方法？在最后成交的阶段，客户总是不断压价怎么办？为客户到底在想些什么呢？到底怎样销售才能让客户接受我们的产品呢？

对此，美国一位著名的推销员指出："推销的98%是对人的理解，2%是对产品知识的掌握。"的确，销售是一门科学，一门艺术。销售人员，能取得什么样的业绩，在很大程度上取决于他对顾客与客户心理的掌控能力。某些情况下，即便销售员做了再多努力，如果他们不知道客户在想什么，那么，客户的一句疑问，都有可能瞬间结束销售活动。

因此，要成为一个业绩突出的销售员并非易事，就必须要有合理的渠道、过硬的专业知识、要有足够的人脉、有适当的平台等，但更重要的是掌握一定的心理策略。销售员尽量多了解客户的心理需求和心理疑问，才能更加了解推销对象，也才能更为有效地推销产品，只要恰到好处地解答客户担心的问题，销售工作的成功也就不难实现。

所以，对于上述销售人员所困扰和苦恼的问题，根源在于他们没有把握客户的心理动向，其实，赢得客户的信任是销售员完成销售的前提。而销售员是否能灵活运用一些心理策略便成了销售成败的关键之所在。专业的调查机构的调查显示，在销售过程中，如假如销售人员能运用符合客户心理的销售方式进行推销的话，那么，销售成功的可能性为53%，但是假如采用一般的推销方式的话，成功率只有24%。可见，销售过程中，充分掌握客户的心理，能大幅度的提高销售的业绩，让销售员事半功倍，能在最短的时间内将更多的产品卖出去。

实际上，那些销售精英们从某种意义上来说也是心理专家，因为他们能将心理学知识巧妙运用到推销之中，能在客户的一举一动中看出客户的真实想法，他们了解客户的购买特点，知道客户想买什么样的产品，知道客户有什么需求。

那么，你是否希望自己也成为这样能掌握客户心理的销售精英呢？你是否希望能提高业绩呢？你是否也希望有找到一条“快速通道”，以便能以最便捷的方式掌握销售秘诀呢？

本书正是从心理学角度解读销售活动，涉及心理学和营销学两个学科的内容，并结合案例，系统地讲述了心理学在销售活动中的具体应用，并给出了具体的指导方法，相信会对销售人员的工作有着很强的指导作用。

编著者

2016年10月

# 目录

## 第5章 有礼有节，良好的言行举止让客户把握销售中的礼仪要求



## 第6章 慧心魅语，销售中的心理引导让客户乐意购买

**第11章　挖掘心理需求，有的放矢才能成功推销**



**第12章　完美展示，让客户全方位地了解并接纳产品**

# 第1章

# 销售就是一场心理战，把控关键点方能提升业绩

作为一个销售人员，想要尽可能多地销售出自己的产品，除了必要的口才、人品外，还一定要知道销售的关键点。这些关键点看似简单，但却是商海中的一盏明灯，在你茫然不知所措时帮你找到正确的方向，助你顺利驶向成交的港湾。

## ※ 销售工作的最主要因素是赢得客户的信任

销售人员作为产品和客户之间的桥梁，首先代表的就是企业的形象，客户对销售人员的认同比对产品的认同重要得多。我们不难发现，销售过程是否成功完全取决于客户对销售人员的态度，可以说，取得客户的信任是销售制胜的法宝。

销售行业中奉行着这样一句话："三流的销售人员销售产品，二流的销售人员销售企业，一流的销售人员销售自己。"由此可见，销售的最高境界在于"销售自己，取得客户的信任"。我们经常能看到这样的情况，可能某个产品并不是同类产品中最好的，但它的客户却是最多的。究其原因不难发现，是这个产品销售人员的工作态度获得了客户的信任，所以才能够获得很好的销售业绩。

赢得客户信任是销售的最高境界，也是一种技能，要想获得客户的肯定，销售人员必须要做到以下几点。

1.多展现过硬的专业知识

在销售过程中，客户最主要的需求是购买适合心意的产品，需要十分专业的建议。因此，一个专业知识过硬的销售人员会在一开始就给客户留下诚恳、可靠的好印象，这样客户才会愿意继续了解这个产品，继而产生购买行为。

2.让客户体会到你的真诚

很多销售失败的销售人员是因为在销售产品时表现得过于精明，忽视了为客户服务。而客户不仅关心产品，更关心销售人员的人品，因此，要想取得客户的信任，绝不是依靠一些销售技巧，而应当是销售人员发自内心的真诚。

3.给予客户最周到的服务

刻苦工作是客户受到尊重的条件，很多刻苦工作的销售人员都能得到客户的信任。其实每一个客户都希望销售人员能把他的需求放在第一位，发生任何问题都能够马上得到解决。不管在什么时间、什么地点，如果销售人员都能够随叫随到，及时解决客户的问题，那么就能获得客户的信任感。

## ※ 始终把控销售主动权，让客户接纳你的意见

在日常的销售过程中，优秀的销售人员往往是那些能够掌握销售主动权的人，他们能使客户很自然地跟着他的节奏去了解产品，并逐步产生购买意愿。如果一个销售人员不能把握住主动权，在销售过程中时时被客户牵着鼻子走，那么不仅不能很好地了解客户意愿，反而会让客户对你产生不专业、不可靠的坏印象，这是销售业中的大忌。

把握销售主动权要从以下几个方面来把握，这是每个销售人员都要知道的技巧。

1.率先提问掌握主动

当销售人员在与客户交流时，要率先提问以掌握销售的主动权，这样不仅能够显示出你的专业性，同时也显出你的礼貌。更重要的是，销售的过程是一种引导过程，如果销售人员在一开始就被客户牵着鼻子走，忙于回答一连串客户提出的问题，那么就不能做到有的放矢，无形中会损失一次成功交易的机会。

2.亲切地称呼客户

在销售过程中有一个小技巧能够最快地获得客户的信赖，那就是称呼客户的姓氏。正确的做法是，在回答完客户的询问时，顺带着问一下客户的姓名，如："先生怎么称呼?"客户回答"姓李。"这时我们再继续问，"我是称呼您李先生还是李总比较好呢?"这样的提问不仅能帮助我们判断客户的身份，还能给客户一种尊重感，让他感觉很亲切。

3.了解客户的购买意愿

销售的精髓不在于"卖"，而在于"买"。主动挖掘客户的购买欲望，了解他为何而想"买"是一个优秀的销售人员在一开始就要做的。当我们知道客户的购买意愿后，就可以根据他的需求调整我们的销售节奏，这样往往能很

顺利地销售出产品。

4.询问客户的来源

主动询问客户从哪里知道自己的公司，这看似是不经意的一问，实际上很有讲究。客户的回答往往就告诉了销售人员一些实用信息。比如客户回答："我看到××广告知道你们这家公司。""我的朋友介绍给我的。""我路过这里顺便看看。"通过不同的回答，销售人员知道如何来包装自己的公司，再把它介绍给客户，让客户对我们的产品有一个全新的认识。

## ※ 运用250定律，助你挖掘更多客户

在销售行业有一个著名的"250定律"，它能证明1=250。也许你不相信，就算数学不好的人都知道这是不可能的，然而这确是销售行业的一个常识，是每一个销售人员都必须知道的。

"250定律"是由"世界上最伟大的销售员"吉拉德发现的。他认为在每位顾客的背后都有250个潜在客户，这些人是与客户关系比较亲近的人，如同事、邻居、亲戚、朋友。如果你能赢得一位客户的好感，就意味着同时赢得了250个人的好感；如果你得罪了一名客户，也就意味着得罪了250名客户。从这个定律中，我们不难发现，1=250是可行的，250定律能帮助我们获得更多的客户。因此，销售人员必须认真对待我们身边的每个客户，因为每个客户的身后都有一个相对稳定的、数量不小的群体。这个规律是个很好的销售常识，但可悲的是，很多销售人员往往忽视了这点。

当销售人员能够关注好、照顾好自己的客户，那么他就走出了成功的第一步。根据250定律，如果你的服务很好，不仅这位客户会再次光顾你的生意，他还会竭尽所能帮你介绍更多的客户。通常情况下，客户的一句话往往比销售人员的十句话都要管用，这是绝佳的口碑效应，到那时销售人员就不用担心客源不足的问题了。

## ※ 制定销售目标，让销售工作有的放矢

很多销售人员都希望自己能尽快成长为独当一面的销售高手，他知道，一个优秀的销售人员从不会限定自己的发展空间，只有制订一个高一点的目标，一个需要自己踮起脚尖，拼尽全力才能够到的目标才能有益于自己的成长。

科学研究发现，人的潜力是巨大的。但很多人并不能完全开发自己的潜能，这是因为他们把自己限定在一个狭隘的空间里，限制了自己的发展空间。为了避免这种情况的发生，销售人员一定要把自己的销售目标定得高一些，然后向着这个高目标努力奋斗。

事实证明，一个高一点的目标是帮助销售人员快速成长的秘籍。

依照销售人员现有的能力还不能轻松达成目标，因此，他必须不断地充实自己，提升自己，这就为他的成长创造了机会。如果销售人员只局限于原来的水平而不思发展，那么很快就会有其他的销售人员超过他。一个销售人员只有不满足目前的成就，才能积极、勇敢地向高峰发起挑战，使自己的潜能得到充分地发挥。相反，如果他只是安于现状，那么就失去了上进求变的动力。

因此，如果销售人员想在销售业中快速成长，一个基本常识就是把自己的销售目标定得高一些。当你为了实现这个目标而努力时，你也就在不知不觉中得到了锻炼。

## ※ 站在客户的角度推销，用真诚赢得交易

销售是一件富有挑战性的工作，每一个销售人员都很清楚和客户建立良好关系的重要性。如果客户比较信任销售人员的为人，那么或许成交的可能性会大一些。因此，销售人员要想迅速与客户建立良好的沟通氛围，就

要站在客户的角度来销售，以自己的实际行动来取得客户的信任。

1.要有一颗帮助客户的心

很多销售人员在面对客户时，心里想的都是如何尽快完成这笔生意，甚至在与客户交流时脑子里想的都是客户口袋中的钞票，这种销售手段自然不会得到客户的好感。要知道，世界上最难的事情就是把别人口袋里的钱拿到自己口袋里。那些真正懂得销售的销售人员总是怀有一颗帮助客户的心，在为客户服务时他们总是站在客户的角度来考虑问题，他们心中的想法是："我所销售的产品能够真的有益于客户吗?"怀有这种心态的销售人员，工作起来就热情、真诚得多，从而取得客户的好感。

2.帮助客户选择合适的产品

有时候，仅仅有想要帮助客户的想法是远远不够的，很多失败的销售案例都是因为销售人员一相情愿把自以为很好的产品介绍给客户，却很少没有考虑客户是否真的需要。销售人员应该作为客户的顾问，以客户的需求为出发点，帮助客户选择适合他的产品，这样才是真正站在客户的角度来销售。

## ※ 抓住客户心，让他记住你的产品

很多销售人员都在发愁的一件事，就是怎样让客户记住他所销售的产品。当然，这个问题确实很关键，现在的社会供求关系日益平衡，甚至有供过于求的现象，客户可挑选的余地非常大，很多商家绞尽脑汁搞价格战、广告战，然而却收效甚微。其实，如果销售人员能够做到以下几点，那么就能很轻易地抓住客户的心，让客户对你所销售的产品留下深刻的印象，从而达到"非你不买"的效果。

1.让客户得到惊喜

人们每天看到的广告非常多，然而真正能让人记住的，往往是那些创意新奇的广告。同样，如果销售人员想让自己的产品给客户留下深刻的印象，那么就要在最短的时间内让客户感到惊喜。比如在报价单上别上一朵鲜花，邮件内附上一个视频，文件中夹杂几张照片等，这些方法都能在第一时间让客户感到你的与众不同。这样当客户开始留意你的产品时，你的胜算就增大了一些。

2.让客户眼见为实

很多销售人员在向客户推销产品时，总是滔滔不绝地讲述自己产品的优点，却不知道客户是不是全盘接受。因此，销售人员在介绍产品时，重点不在于宣扬优点，而在于让客户接受产品，真正相信产品。为了达到这个目的，最好的方法就是用事实说话，比如拿出过去的销售产量，拿出以前客户的评价，拿出工作计划，让客户眼见为实。只有当客户相信你的产品时，才有可能和你继续下一步交易。

3.让客户反复回忆

当一个客户总是不断回忆起一件产品时，那么他往往就会选择这件商品。因此，销售人员要做的，就是让客户对产品留下深刻印象，能够不时地想起起产品。有一个绝佳的好办法，就是当销售人员与客户交谈时，留给客户一个思考的空间，比如购买这件商品后客户可以节省多少时间、多少成本等问题。当客户自己在算这笔账时，就会一次一次地回忆起产品，这样不仅对销售人员的产品印象越来越深刻，成交的可能性也越来越大。

## ※ 站得越高，越能抢占销售先机

销售竞争就像一群小孩在围着糖果打转，如果你想先吃到糖果，必须要出手更快、更准，这是销售业内的一条基本常识。做销售最重要的就是目光独到，能够抢占销售的先机，想别人未想之事，做别人未做之事。如果一个销售人员在销售一种别家企业都没有的产品，那么他必定会大丰收。反之，如果这个市场已经有了，很多人就会跟风进来欲分一杯羹，这时你再进入，那无疑是惨败收场。

世界上唯一不变的就是变化，如果销售人员不能与时俱进，那么必然会被淘汰。有些销售人员做事保守，在经营时总是盲目跟风，理论上来说，这样做可以借鉴前人的经验，避免走弯路，但实际上也错过了成功的机遇。也许有些人会偶尔获得成功，但是他不可能会有大的成就，因为每个商机都有饱和的时候。去做的人越多，饱和的速度就越快。你只有在别人做事之前就出发，不然永远不会拔得头筹。

如果你想让自己永远发展、永远成功，那么就需要不断地提高自己的眼界，看到别人看不到的地方，抢占每一个销售先机。

## ※ 想做成生意，先要关照好客户

销售的实质就是得到生意，一个优秀的销售人员知道，要想得到生意，就得先照顾好客户，这是一个基本的常识。

销售人员要想照顾好客户，在交谈时就要揣摩客户的心理，这样才能更快地获取客户的信任，与客户拉近彼此的关系。同时销售人员要注意，在与客户谈话时多用“我们”，少用“你”、“我”，这样能在无形中增加与客户的交流，让客户能够自然地接纳我们。

另外，销售人员的沟通方式也很重要。在交流过程中，销售人员要像朋友一样与客户沟通，让客户感觉到你是在帮他，而不是在自我推销。一直以来，在与客户的交流过程中，“倾听”是一个很重要的技巧。倾听除了能够让销售人员获得想要的信息外，实际上也是给了客户一个获得心里认可的态度，让他感觉到自己被尊重、被重视。

销售人员只有关照好客户，让客户从心里满意我们的产品我们的服务，他才会考虑购买我们的产品，我们才能得到市场。这就是说销售人员不能仅仅满足于得到客户，还要照顾好客户的心。

# 第2章

# 调试心态，理解销售，业绩才会光顾你

任何人都不应简单界定销售工作的性质，也许，它只是一种人生考验和生存的方式。销售人员若真想在销售行业里做出一番成绩，那么，就要在努力工作的同时，还要明白到底何为销售。

## ※ 正确理解销售工作的性质

成功的销售人员之所以成功，是因为他们把销售当做一种事业来经营。有的销售人员只是把销售当做是买卖双方的一个简单过程，那么就一定不会下苦心去学习各种知识、各种技巧，那么又怎么能抓住机遇，成全自己呢？而那些把销售当做事业去奋斗的销售人员，会在一开始就给自己定下一个宏伟的目标，为了达到这个目标，他们会付出异于常人的艰辛工作，通过坚持不懈的努力，最终取得成功。

若销售人员能够把销售当做是一项值得奋斗终生的事业，那么他的心态就与别人不同，他销售成功的概率也会比常人大得多。这是因为他已经将销售行业视作自己的生命，要想主宰自己的生命，必须学会分析自己的现状，为自己做一个职业规划，给自己制订一个有挑战性的战略目标，这样，他就能够自觉地去学习、去努力。这种精神是每一个销售人员取之不尽用之不竭的精神力量，并最终会将他推向销售行业的顶峰。

## ※ 把自己当成客户的私人顾问

优秀的销售人员总是站在客户的角度替客户着想，在与客户的接触中，他只有一个宗旨，就是做客户的私人顾问。毕竟销售人员是一个专业人员，在交易过程中，他对交易的政策、流程以及多种信息都比客户要了解得深入、透彻，所以就更应该站在专业的角度替客户着想，以一个专业顾问的身份帮助客户，实现客户的需求。

销售这个行业比的就是谁更用功，谁更努力。为了成为一名合格的私人顾问，销售人员必须熟知自己的业务内容，熟悉本行业的市场，勤于学习各种知识，并能够以亲切的态度解答客户提出的各种问题，给客户提出中肯的建议。当客户遇到困难时，我们一定要鼎力相助，帮其排忧解难，这样，不但赢得了客户的心，还会收获一片市场，因为客户在感激之余，一定会诉之于他人，从而为我们带来良好的口碑。

## ※ 和客户交朋友，生意更容易做成

一个优秀的销售人员知道，只谈生意不谈人心的销售是不会成功的，因为这种销售过程充满了市侩气。客户是有血、有肉、有感情的人，他们需要销售人员真诚的沟通和交流，需要有人真正了解他们内心深处最真实的想法和需求，而不是自说自话式的硬性销售。一个优秀的销售人员会与每一个客户成为朋友，即使没有与这个客户做成生意，销售人员也会以自己的真诚取得客户的友谊，做他无话不谈、排忧解难的好友。

朋友是人一生中弥足珍贵的一笔财富，销售的过程也就是不断交朋友、帮助朋友、认识新朋友的过程，但能够真正做到的人却不多，大部分销售人员都是想着如何拿下客户的订单，如何“把客户搞定”。其实，这是做销售的最大误区。

和客户交朋友要真诚、要发自内心，无论是否能做成这单生意，都要始终如一地站在客户角度思考问题，采取行动，切不可因为没有生意而忽视客户，这是目光短浅的做法。作客户的朋友不一定要有交易，但要想和客户做生意就必须先做朋友，销售人员的真诚是他职业生涯得以延续的根本，因此，我们应当做客户真诚的朋友。

## ※ 先将自己成功推销给客户

很多销售界的精英都曾说过这样的话：“做销售没有什么特别的方法，除了销售自己。”客户会不会接受我们的企业和产品，首先取决于他接不接受你这个人。因此，我们首先要把自己销售给客户。然而，这是一件看似简单实际却是很难的事。要想真正把自己推销出去，销售人员不仅要对客户真诚，还要了解他的真正需求。只有了解了客户最想要的是什么，我们才能去满足他的需求，这样的合作才是顺理成章的事情。

销售是一个缓慢过程，一个优秀的销售人员首先是要懂得如何销售自己，清楚地知道自己的定位在哪里才能有所作为。有这样一句话："一流的销售人员销售自己，二流的销售人员销售产品价值，三流的销售人员销售产品，四流的销售人员销不出任何东西。"一个一流的销售人员，我们不仅要销售自己的热情和微笑，还要销售自己的专业，毕竟专业知识才是我们真正的内涵。销售人员只有精通了行业的专业知识，才能成功地销售自己。态度再热情，微笑再甜美，如果你对自己的产品都不了解，客户又如何敢信任你，信任你的产品呢？

## ※ 充分展现自我价值，让客户认可你

销售业不是一个简单的行业，很多优秀的销售人员都是历经磨难，每天过着东奔西跑的日子。支持他们干下去的原因只有一个，即销售能体现他们自我的价值。

销售界最能锻炼人，同时又充满了充分施展才华的机会。每一个客户都会抛给销售人员一些新的问题，每一天他们都会面临新的业绩挑战。这种永无止步的挑战使销售人员经历了常人体会不到的重重艰难险阻，但也正是在这样一个过程中，他才能找到自己的价值。

要想做一个优秀的销售人员，就必须不断提升自己的知识和技能，保持平和的心态和职业道德，在市场实战中不断积累自己的经验。通过不断地学习和实践，销售人员自身的素质才会得到提高。当销售人员凭借自己的能力得到客户的认同时，他就已经能够抓住更多的机会，实现自己的价值。因此，要注意以下几点。

（1）当你在做基层工作时，千万不要抱怨。此时，你应该庆幸你有充足的时间给自己打基础，毕竟基础牢固了你才能茁壮成长。

（2）充分利用好你的业余时间，这是决定日后你和别人不同的分水岭，

你今后能否实现自己的价值,全看你是否能够利用好这段时间去学习。

(3)勇于承担重要工作的责任会让你在客户面前更可靠。

(4)不断地发展自我,持之以恒的努力,你会在精神和事业上取得双丰收。

## ※ 别做一次性交易

“一锤子买卖”是指一些销售人员在销售时只顾将产品销售出去,却没有考虑过客户使用产品后是否满意。这些销售人员只能看到眼前的一点微利,他们不会去回馈客户,不重视和客户保持友好的关系,结果随着时间的推移,他会发现自己的销售工作越来越困难。

销售绝不是“一锤子买卖”,它是一种长期的过程。一名优秀的销售员达成一笔交易往往会获得三笔财富:第一笔财富是工资和提成,第二笔财富是经验的积累,第三笔财富是良好的客户关系。这样的销售人员会把售后当做是销售的开始,他会与客户建立良好的关系,在适当的时间给客户打电话询问商品的使用状况。为了眼前的一点蝇头小利就争抢拼夺,做一锤子买卖,到头来只会是“捡了芝麻,丢了西瓜”,反而得不偿失。

大多数客户是愿意和销售人员交朋友的,如果销售员能够再耐心一些,让客户接受自己,就能够较好地实现和客户的沟通,实现长期的利益。为此,我们可以从以下几个方面努力。

(1)站在客户的角度来帮他挑选适合的产品,将谈话的重点定为商品为客户带来的利益,而不是单纯地介绍商品本身。

(2)谈话内容不只局限于交易,也可以和客户谈谈企业文化和发展前景,吸引客户进行长期交易。

(3)一次成功的销售是从售后开始的,无论这次交易是否成功,销售人员都要对客户十分尊重,这样才有机会让这个客户再次成为自己商品的购买者。

## ※ 销售的真谛在于“双赢”

很多人认为，成功的销售完全取决于销售人员一方的努力。销售人员通过查找资料，与沟通客户，利用专业知识排除客户问题等，最后才走到交易成功这一步，其实这只是销售的一个方面，真正的销售并不是如此狭隘，销售的真谛在于销售人员和客户的“双赢”。

真正的销售始于售后，当销售人员把产品卖给客户后，才算真的开始销售。当客户“赢得”了产品时，销售人员同时也“赢得”了一片客户市场。根据 250 定律，每一个客户身后都有 250 位潜客户，销售人员要做的，就是要和这位客户以及他身后的潜客户群建立良好的信任关系。

客户总是乐意为自己了解并信赖的朋友推荐产品，因此，每一个已经购买产品的客户实际上就是一座金矿。销售人员在与客户接触时，要时刻提醒自己，自己所做的是否能够帮助到客户，自己介绍的产品是否适合客户。

概括起来说，做到双赢要注意以下几点。

(1)明确自己的目标，发掘客户。

(2)重视客户的需求并加以理解。

(3)找出双方的共同点，取得客户信任。

(4)出色的售后服务，赢得新的客户。

这种循环式的销售过程能帮助销售人员积累越来越多的客户量，不仅让客户获得了满意的服务，销售人员也从中得到了自己该有的收获，这种双赢模式才是销售的真谛。

## ※ 始终把客户的需求放在第一位

在销售过程中，很多销售人员会特别重视产品的价格和自己的利益，却忽略了客户的想法，这是不对的，真正的销售是要时刻把客户的需求放在第一位。

每一个客户在购物时，最看重的是这个产品是否对自己有用，销售人员是否能帮助自己解决问题，至于产品的价格、品质也在考虑范围内，但都不起决定作用。一个优秀的销售人员，在销售过程中会不断询问客户为何想要购买产品，想要什么样的产品。通过热情、真诚的询问，迅速明确客户的需求目标，然后在脑中搜索适合的产品，并马上介绍给客户，让顾客感觉到真诚可信。因此销售服务的目的在于挖掘客户的需求，并满足它，让客户得到自己想要的，这才是关键。

销售是一门学问，真正的销售是要做到“满足顾客的切实需要，解决顾客遇到的问题，时刻把客户的需求放在第一位”。如果销售人员能做到这几点，那么他就已经明白了销售的内涵。虽然销售技巧在很大程度上可以帮助销售人员有效解决问题，迅速成交，但仍需明白，销售人员必须对客户付出热诚与真心。销售人员不仅是在卖产品，也是在展示人品、表现良好服务的体现，因此更要时刻把客户的需求放在第一位。

## ※ 别只在乎业绩而忽视销售的过程

销售是社会上必不可少的一个职业，每天都有大量的销售人员奔忙于市，很多销售人员给自己灌输了一种信念——“只要能与客户成功签单，过程怎样并不重要，我们要用结果来证明自己。”表面上看这句话很有道理：销售人员每天辛苦工作，不就是为了销售成功拿到自己该有的报酬么？然而这样的理念往往会让销售人员忘记一个问题，就是“结果是如何产生的”。

销售不是一个即时的片断，它永远是一个过程。一个销售人员如果想得到好的成果，就要在销售过程中付出很多劳动。比如一开始就要认真筛选自己的客户，在与客户沟通时发掘他的需求，激发客户的兴趣，建立一种信任和谐的沟通氛围，为销售创造良好的环境。然后通过有效的提问来了解客户的现状和期望，从中发现客户的问题点，进而激发客户的需求，最后让客户自己思考这个产品是否满足自己，终至成交。可以说，在这个销售过程中，每一个步骤都很重要，如果其中某一个环节出现问题，最后都会导致交易失败。

所有的结果都是由过程所组成的，因此过程比结果更加重要。一个优秀的销售人员要重视销售过程，不以结果为自己的最终目标，只要他在销售过程中认真做好每一个细节，最后得到客户的订单是水到渠成的事情。

## ※ 信念坚定，你才能成为一名优秀的销售人员

销售人员在销售过程中会经历磨炼，如果没有一个正确的理念，销售人员是不可能顺利地取得成功的。销售的成功与否，取决于销售人员坚定做一个优秀销售人员的意念有多强烈，强烈坚定的意念，最终能够使销售人员早日实现自己的目标。

有些销售人员没有正视销售这个行业，他们看不起销售，认为为客户服务是低人一等的表现，连带着也就看不起自己，这是完全错误的观念。这样一来，他们的内心就会产生自卑和压抑，工作也就失去了动力，自然业绩就不理想，长此以往就会造成恶性循环。

优秀的销售人员能正确认识销售的含义，对他们来说，销售是一项伟大而光荣的事业，每一个优秀的销售人员都打心底里热爱它。一个人只有热爱自己的工作，才能在工作中感到快乐，体会到自己的价值。对销售人员来说，销售从来不是一帆风顺的。当销售人员受到客户拒绝，内心感到沮丧时，如果没有坚定的信念，那么就无法继续向前迈进了，很可能就此一败涂地。因此，当销售人员一次又一次面对拒绝时，他们要自问："我们的心是否依然坚强？我们的意志和信念是否依然坚定？"优秀的销售人员能时刻为自己鼓气加油，最终战胜自己，使自己的心灵得到滋养。

# 第3章

# 锻造信念，唯有自信才能让你不断前行

每一个销售人员都有过“惨痛”的失败经历，但是失败不可怕，关键是销售人员能否在失败中激励自己，继续提升销售的技巧。销售不仅是我们与客户之间的沟通，也是与自己的沟通，一个销售人员只有先懂得自我激励，才能在失败时安抚自己，成功时勉励自己。

## ※ 挖掘自己的优点，并肯定自己

在销售过程中，销售人员对自己的激励尤为重要，而自我激励中的第一点就是看到并肯定自己的优点。人无完人，每个人在销售过程中都会逐渐发现自己的优点和缺点，这时正确的做法是明确并发扬自己的优点，把它作为自己的优势，而不是总是看着自己的短处，跟自己过不去。

人是没有十全十美的，比如长相一般的人，或许他是个很细心的人，能把销售资料整理整齐；学历不高的人，或许他十分谦虚，工作十分努力。每个人都有自己的优点，而这个优点在销售过程中也能发展成独当一面的优势，但这一切都有个大前提，就是销售人员必须先看到这个优点，并给以充分肯定。

一个能够肯定自己优点的人才能在销售这个行业中真正得到成长，因为他对自己很肯定，别人也才能肯定他。他才能在销售过程中更加自信，不断化解工作困难，克服挫折，从而激发出更多的优点。一个人只有肯定自己的优点和明白自己的缺点，才不会浪费力气在一些不适当的地方。从现在起，将你的优点诚实地列出，并为自己具有这些优点而欢呼雀跃。同时，诚实地列出自己的缺点，以愉快乐观的心态一一改正它们。这样，你才能在销售过程中不断激励自己走向成功。

## ※ 销售最重要的信念是坚持

销售是一个过程，任何生意都不会一谈就成，它需要销售人员一个持之以恒的努力过程。但有些销售人员因为信心不足，忍耐性不够，往往在付出了很多时间和精力后，又轻易地放弃。殊不知，如果他能够坚持下去，也许下一次努力就能得到自己想要的结果。

“坚持”是每一个销售人员秉持的信念，当你在为某项销售任务辛辛苦苦工作时，也许你不能马上得到回报，甚至可能会事与愿违，你的付出却没有得到半点收获，这时唯有“坚持”才能使你收获。无数个事实证明，不能坚持和战胜压力的人，是难以成功的。一个成功的销售人员必须要有耐心，切勿泄气。尽一切努力去说服客户，并设法找出客户拒绝的原因，准备再一次的拜访。只有坚持不懈，才能为自己创造辉煌的人生。

## ※ 销售没有失败，放弃才是失败

成功的销售人员经常用这样一句话来激励自己：“成功者绝不放弃，放弃者绝不会成功。”这句话告诉我们，销售的道路是一条布满荆棘充满坎坷的道路，失败几次不要紧，只要我们坚持不放弃，就只有一种结果，那就是成功。然而不幸的是，有太多销售人员在初次遇到挫折时就放弃了。有人一次就放弃，有的人两次后放弃，也有的人坚持到五次后放弃，不管几次，放弃的结果都是失败。

在销售过程中，销售人员会有成功的希望，也会有失败的失望，但如果销售人员怯懦了，放弃了坚持，那么就只有无尽的绝望。成功是不断坚持的结果，放弃是失败的表现。失败者之所以失败，就是因为他们太习惯于放弃。当遇到问题时，成功的销售人员在寻找解决的方法，再次尝试，而失败的人已经开始在为自己找退出的理由。

人很难有坚持到底的决心，很多时候都会在快要成功的时候放弃，与成功失之交臂。因此，每一个销售人员要不断在心里激励自己，做任何事情都要尽自己的一切努力，即使不成功也不会留下遗憾。如果销售人员想要放弃，那么就一定要先想好，之后会不会为今天的放弃而后悔，千万不要做一个只会后悔而不愿面对现实的人。

销售没有失败，不放弃就不是失败，销售人员取得成功靠的就是不断地坚持，不断地努力。

## ※ 充满勇气，向怯懦的自己告别

销售是一件需要时刻与客户打交道的工作，有些销售人员很害怕遭到客户的质疑和拒绝，稍遇挫折就产生了后退心理，这对他们的销售事业是很不利的。阻碍销售人员的头号困难既不是价格也不是市场，而是销售人员在与客户沟通时的怯懦心理。销售是一项艰苦的工作，要想成为一个优秀的销售人员并不是一件简单的事。一个优秀的销售人员除了要具备过硬的专业知识，娴熟的销售技巧，得体的仪表形态，还要有坚强的内心及战胜怯懦的力量。

被客户拒绝是不可避免的，关键看你怎样对待它。有些优秀的销售人员在面对客户的拒绝时能够勇敢地激励自己，他们相信，不管做什么事情，要想有所收获，就必须勇敢，敢于承担风险，敢于面对失败。其实，怯懦的心理并不全部来源于客户的拒绝，人之所以怯懦大都是因为想得太多而做得太少。有时情况并不如我们预想的那么糟糕，但经过自己无尽的“幻想”和对自己能力的怀疑，无形中困难就被夸大了好几倍，令销售人员失去了信心。

困难并没有像销售人员想象的那么可怕，战胜怯懦的关键是勇敢地跨出第一步，坦然地面对拒绝并鼓起勇气再去尝试。坚定的内心力量是鉴定一个销售人员能力的试金石，自卑、不自信是影响销售人员业绩的蛀虫，我们只有改变它，将怯懦的心理变为奋发向上、不屈不挠的精神才能真正走向事业的顶峰。

## ※ 时刻鼓励自己就是最棒的销售人员

一个优秀的销售人员曾经这样告诫后来人：要想在激烈的竞争中立足，就要时刻告诉自己“我是最棒的”，时刻给予自己自信。自信是一种无名的力量，当我们在销售过程中有得又有失的时候，首先就是要做好自己，让自己有能力去接受这些挑战，如果自己都不相信自己能够战胜困难，那么谈何努力，谈何成功销售呢？

相信自己是最棒的，相信自己是无可取代的，相信自己可以做得更好，这是一种信念，是一种内心的力量。自我否定，只会让我们变得没有勇气。销售也是一样，有时候销售业绩做得不好并不是因为销售人员的方法不对，更多的时候是因为他不够自信。如果你连自己都不相信，那么客户为什么要相信你呢？

给自己信心和力量，相信自己是最棒的，当销售人员在内心深处觉得自己有能力时，他所表现出的就是自信。相信自己："我是最棒的，我是最好的，我是最自信的。"每天都告诉自己"我是最优秀的"，相信你会收获不一样的人生。

## ※ 理解销售工作中的频繁拒绝

可能每个销售人员都有这样的感觉，自己每天的工作就是不断地被客户拒绝拒绝再拒绝，拒绝就像是销售的影子一样。因此，如何看待拒绝，在被拒绝后有效地激励自己，就是摆在每一个销售人员面前的现实问题了。

我们都知道，销售是一个"高拒绝"的工作，这是因为拒绝是人的本性，没有人会毫不考虑地就接受别人的推销。每个人都希望自己能买到称心如意的商品。因此，免不了要货比三家，多方考察。有些销售人员不能承受拒绝，在被客户无情地拒绝几次后，就变得十分灰心，没有信心和力量再努力一次。其实在销售中，拒绝是一种非常正常的现象，被客户拒绝，并不是销售人员的失败，而是因为你没有把工作做到位。销售人员也会是别的产品的客户，当你面对别人的推销时，你也曾拒绝过。那么你现在换位思考一下，当时你为什么会拒绝别人？无外乎这么几个原因：我不需要这个产品，这个产品某个地方我不满意，我现在没有能力购买。如果能够想通这些，你就找到你自己的工作哪里没有做到位了。

林肯有一句名言："成功是屡遭挫折而热情不减。"每一个销售人员都要这样激励自己，每一次的拒绝都是一个帮助我们改进的机会，我们要不断分析客户拒绝我们的原因，下一次销售时不断改进，直至客户不再拒绝。

## ※ 不要受客户拒绝的打击

一个身经百战的销售人员知道，销售的过程就是不断和拒绝打交道，有时客户的拒绝并不一定说明他没有购买的欲望，恰恰相反，这种拒绝正是客户发出的成交信号。

有些客户嘴里虽然拒绝，但是对于商品却爱不释手，表现出一种欲购不能、欲罢不忍的样子，这些正是他想要成交的信号。销售人员不要因客户口不对心的几句拒绝就打了退堂鼓，要静下心来分析下客户是"真拒绝"还是"假拒绝"。如果是假拒绝，那么这时只需要我们给自己一个继续努力的借口："客户的拒绝只是需要我给他一个保证，一个非买不可的理由，我再加把劲就可以了。"如果销售人员能这么想，那么客户的拒绝在他眼里就只是一个借口，我们只需见招拆招即可。如客户说："你这个东西太贵了，我没有兴趣。"此时客户的想法是用价格来逼退你，销售人员不能盲目地降价，否则一来不利于自己的销售，二来也会让客户对产品的质量和价格产生怀疑。面对这种拒绝，我们可以这样应对："先生，您买一件东西是先考虑它的实用性还是考虑价钱？如果价格低廉但是却不实用的东西您会考虑么？""请问价钱是你考虑购买的唯一因素吗？"

客户的拒绝是因为他还没有全部相信你，此时销售人员所需要做的事情是要赶快去证明为什么你的产品会给他带来利益，为什么你讲的话是有信服力的。客户的拒绝，正是他对于商品产生兴趣的时候，也正是成功的开始。只要我们能够成功地打消他拒绝的理由，就会立马成交了。

## ※ 绝不做输给自己的失败者

在销售这个不见硝烟的战场上，销售人员很容易遭受这样或那样的困惑，也很容易因一次次挫折打击而失去信心。但是一个优秀的销售人员是不会让自己停留在挫败的低谷中，他知道自己永远不是失败者。如果此时灰心丧气、停滞不前的话，只能被这竞争激烈的社会抛弃，这样的话，他不是败给了社会，而是败给了自己。

无论做什么事，只要销售人员能坚持不懈地走下去，那么就一定能够走到目的地，成为一名胜利的英雄。那些总是灰头土脸的失败者不是因为他们能力不足，只是因为没有支撑自己走下去的信心，因此只能以放弃作为自己失败的结局。一个优秀的销售人员在事业遇到困境时不会一味地想自己多失败、多丢人，这对改变当前局面没有任何的帮助。他们总是向前看，用乐观的态度告诉自己：永远努力！永不放弃！永远不做失败者！

自我激励是销售人员时刻要做的事，精神力量是我们的指导，是支撑我们一路奋斗的基础。莎士比亚说得好："行动胜过雄辩。"与其忧心忡忡地想着自己多么无能，不如把眼光放到前进的道路上。只要我们相信自己不是失败者，你就会发现，事情似乎还有转机。我们可以规划新目标，完善旧计划，我们可以扬起帆，重新出发。

## ※ 从哪跌倒就从哪爬起来

每一个销售人员都知道，销售的工作不会总是一帆风顺，总会有让我们摔跤、跌倒之时，这是我们获得成长的经验之时。但有一点每一个销售人员一定要记住，不管你是怎样"跌倒"的，不管你跌得怎么样，你一定要告诉自己，从哪跌倒就从哪爬起来。

跌倒后爬起来的收获是巨大的，如果一个不会走路的小孩跌倒了，他不会自己爬起来的话，那么他永远也学不会走路。每一个销售人员在工作中都不会是一帆风顺、平平坦坦的，都或多或少地要走些弯路，在一次一次的跌倒之后才能成功。我们可以在困难中跌倒，但不可以不爬起来。

“从哪跌倒就从哪爬起来”，看起来仅是简单的一句话，但是要真正实现起来，需要的是自我鼓励的品质和勇气。如果销售人员在销售过程中失败了，跌倒了，那么他不应一味地看着自己的失败，而应冷静地分析其中的原因，争取以后不会再犯同样的错误，使自己的经验和能力在失败中迅速得到提高，以取得更大的进步，从而使自己以后能够真正的站起来，不再跌倒。

不经历风雨怎能见彩虹，没有失败就不知道成功的喜悦。所以销售人员不要害怕跌倒，就算跌倒了也要再爬起来，这样才能走向成功。

## ※ 认定目标，勇往直前

每个销售人员在销售过程中都不会一帆风顺，难免会遇到各个方面的困难，但是成功者和失败者面对困难的态度却有着天壤之别。失败者总是把挫折当成失败，没有做任何努力就开始自己打击自己，然后主动放弃。成功者则不同，他们坚信自己的目标还没有实现，坚信自己不是失败，只是暂时没有成功，然后继续努力，继续拼搏，直至最后成功。可以说，正是这种坚信自己的精神支撑着他们一路走来。如果一个销售人员失去了再次奋斗的勇气，那么他就是一个真正的失败者了。

销售人员如果总是把眼光拘泥于签不下来的合同上，他就很难再抽出身来想一想自己下一步如何努力。此时的他已经迷失了目标，那谈何成功。对待销售过程中的挫折，我们要正视它，坚持自己心中必胜的信念，坚持自己的目标，那么这些挫折就不算什么，哪怕是再大的险阻困难我们也能承受。

只有那些经不起风浪,不敢战胜困难的人,才会被一时的挫折吓倒。对于心中充满了热情,坚定自己目标的销售人员来说,挫折未必不好。在销售事业中有了磨难才能锻炼我们的承受能力,才能时刻提醒着我们,自己距离目标还有多远。这个目标可能是“拜访50位客户”,可能是“卖出100件产品”,也可能是“坐上某公司销售冠军的宝座”。只要有目标,就会有前进的动力。永远别忘了自己的奋斗目标,失去了它,销售人员就像一条失去了航向的小船,永远也到不了成功的彼岸。

## ※ 寻找销售工作中的乐趣

销售是一个复杂的工作,但同时也是一个充满乐趣的工作。销售工作虽然琐碎而重复,但却可以让我们在工作过程逐渐成长,让自己每一天都充满了快乐。

销售虽然枯燥,但一个优秀的销售人员拥有一双发现快乐的眼睛,无论所处的环境多么乏味与糟糕,他都能发现闪光点。他知道,如果改变不了周遭的环境,就要学会适应环境;如果不能够改变一件事情,就要学会改变对这件事情的态度。在销售中,变才是唯一的不变,善变者才会更加快乐。

在销售的过程中,寻找快乐的第一步就是要热爱自己的工作,对客户表现出自己的激情,用饱满的精神面貌来感染客户。如果你开心,客户看到你也会快乐,因为他能从你身上看到你身后的企业及其产品的生命力,这也为日后的工作奠定了一个优良的基础。

当客户有了了解和购买的欲望时,优秀的销售人员会用生活化的销售技巧化解客户心中的疑问,让客户感觉到物超所值,高高兴兴地成交。整个销售过程建立在一种买卖双方相互信任、轻松和谐的气氛中,这就是销售中的快乐因素。

当客户满意于我们的产品和服务,他就会对销售人员产生极大的好感。当双方有了信任感后,就从生意伙伴关系上升到朋友关系。客户在获得精神和物质上的双重收获后，会反过来帮助我们，为我们介绍朋友和生意。这样，新老客户不断地交替，人脉关系越来越广，友谊、生意就会持续不断地延伸下去，这就是销售人员一直追求的快乐销售。

# 第4章

# 提升形象，销售成功的前提是让客户从内心接纳你

古语说："人不可貌相，海水不可斗量。"但是在销售行业里，客户有时是以貌取人的，客户有时不需要过深地了解销售人员和他所代言的企业，可能仅仅凭着见你的第一印象就判断你是否可靠、真诚和专业。由此可见，销售人员自身的形象在销售过程中起到了至关重要的作用。

## ※ 给客户留下良好的第一印象

在销售行业中，客户对销售人员的“第一眼印象”往往决定着这单生意是否做成。

不得不说，无论我们喜欢与否，销售人员的外表都会对客户产生一定影响，但这并不是说我们一定要穿上价格不菲的服装才能去和客户谈生意。除了我们自身销售的产品，得体的衣装打扮也是十分重要的，正所谓“人靠衣装马靠鞍”，职业化的打扮能够给客户留下一个好印象，这是至关重要的。

当销售人员在对客户推销产品时，首先要做的就是要让客户对自己产生信任感。然而，要在第一次见面时与客户建立起信任感并不是那么简单的，此时销售人员的个人形象不仅代表自己的品位，而且代表了公司的信誉和产品的品质。在销售过程中，第一印象是最重要的，它对销售的成功起着关键作用。一般来说，销售人员的失败 80% 的原因是因为留给客户的第一印象不好。也就是说，客户见你穿着随意、口齿不清，不能尽快说明产品优势，不好的印象就已经让客户在内心决定不与你进行下一步的交流了。

实际上所有客户的拒绝只有三种：第一是拒绝销售人员本身，第二是对公司或者是产品没有信心，第三是客户本身有问题。所以说，给客户留下良好的第一眼印象对于接下来的销售过程很重要。

## ※ 你的形象代表着产品的品质

根据营销专家的市场调查，销售人员的形象在很大程度上影响着客户对其产品的选择，这就是说，销售人员的形象在潜移默化中影响着客户。所以，一位专业的销售人员会时刻保持自己的良好形象，因为他知道，自己的形象不仅代表着自己,更代表着自己所销售的产品。

万小姐是某咨询公司策划部的一名员工,熟悉她的同事都知道她有出色的策划能力。但是万小姐每次向客户提供咨询服务时,对方总是质疑不断,反复试探,表现出很大的不信任感。万小姐百思不得其解,后来通过有经验的同事提醒,她改变了自己的着装,重新塑造了自己的形象。原来万小姐总是喜欢穿休闲装去见客户,看起来像个涉世未深的学生,这种形象使客户对她的工作能力产生质疑。后来万小姐改变了穿衣风格:穿深色套装,带黑边眼镜,以知性而稳重的形象面对客户,从而一改客户对她的不信任感。

实验表明,销售人员得体的形象在销售过程中会有很多益处,销售人员的这个正面特征会主导客户对这个人的整体看法。客户会下意识地把一些好的品质加到这个人身上,比如稳重、专业、诚实、可信等。这种情况下,客户对销售人员及其销售的产品会产生一种信任感,这为我们之后的销售工作打下了坚实的基础。

## ※ 得体着装的 TOP 三原则

俗话说,“人要衣装,佛要金装”,得体的着装能够为销售人员赢得客户的信任感。鉴于形象对销售人员工作的巨大作用,我们在衣着打扮上就要多费些心思,为了使我们在着装时能够达到一种和谐统一的整体视觉效果,就应该掌握着装得体的 TPO 三原则。

TPO 是 Time, Place, Object 三个单词的首字母。“Time”即指销售人员在衣着打扮时要考虑到是什么时节,什么特定的时间,如工作时间、私人时间、社交时间等。“Place”即指销售人员所处的地点,包括办公场所、休闲会客场所或者是正式的社交场所。“Object”即指销售人员见客户的目的性,是为了拜访、沟通、签单还是为了开拓客户群。

这三条原则是相辅相成的，销售人员在选择自己的着装时，应该考虑着装与自己的年龄、身份、体形、肤色、性格和谐统一。年长者、身份地位高者，选择服装款式不宜太新潮，以款式稳重、面料讲究来衬托自己的身份。男士需有一套质地上乘的深色西装，女士的着装则要随时间而变换。白天工作时，女士应穿着正式套装，以体现专业性；出席某些正式的社交场合时就须需要穿着礼服；服装的选择还要适合季节气候特点，保持与潮流大势同步，不能特立独行。

得体的着装应是与销售人员的职业、场合、交往的对象相协调的着装，工作时间着装应遵循端庄、整洁、稳重、美观、和谐的原则，给人以信任感和庄重感；正式社交场合，着装宜庄重大方，不宜过于浮华；而在朋友聚会、郊游等场合，着装应轻便舒适。

衣着是“形象工程”的大事，虽然服装不能造出完人，但是客户对销售人员的第一印象 80%来自着装，因此，每一个销售人员都要十分重视自己的着装形象，遵守以上三条原则。

## ※ 男销售员着装应注意的细节

在职场上，不同职业的男女有不同的着装要求，一般来说，男士的衣装比较简单，工作和社交场合都以西服为宜。但是不要小看男装，这里面需要注意的细节不比女装少。

1.细节一：西服

西服通常要求和配套的西裤搭配，不要将不成套的西服和西裤混穿，尤其不要穿着深色西服搭配浅色西裤。穿一粒扣西装时，你可以根据场合正式与否，决定是否系扣。穿两粒扣西服时，系上面一粒扣表示郑重，不系扣表示气氛随意。穿三粒扣西装时，如果是出席重要场合或是拍照，应系上面 2 粒。坐下工作或用餐时或户外活动时，可以解开衣扣，显示出融洽的气氛。穿双排扣西服站立时应将纽扣全部扣上。配套西装的袜子一定要是正装袜，颜色与西服同色或近似色，千万不要是白色，也不要太短，否则会让客户认为你很不专业。

2.细节二:衬衫

衬衫颜色的选择范围较广,白色、浅蓝色、浅灰色等为上选,忌大红大绿等艳色,并应考虑与领带图案、颜色的协调。切记,衬衫袖子要比上衣袖子长出 1~2 厘米,领子要高出西装领子 1~1.5 厘米,衬衫的下摆要放入裤子里,这样能给客户端庄、整洁的感觉。

3.细节三:领带

领带是男士最鲜明的饰物,一定要与服饰相配套,否则客户对你的印象就会大打折扣。领带的下端不可以从西服的缝中露出来,一般领带长度应是领带尖盖住皮带扣。如果领带过长,则可以把领带下端长的部分塞进裤腰里。如果你穿的是小格子衬衫,那选择领带可以是单色的,也可以是大图案的。如果你穿的是粗条纹衬衫,那么领带切忌不能选带夸张条纹图案的。在色彩上,你的领带与衬衣可以是花的,但是两者在色彩上一定要一致;如果你的衬衫是单色的,领带最好选择同色系的。

4.细节四:皮带

对男人来说,皮带和领带一样都是很重要的配饰。皮带不宜太长,长度最好介于第一和第二裤扣之间,宽度应保持在 3 厘米左右。一般皮带的颜色应比裤子的颜色略深,并且皮带的色泽与质地应与鞋子协调,这种细节可以向客户透露出销售人员严谨、稳重的工作作风。

5.细节五:皮鞋

皮鞋是判定一个男士着装品位的要点,黑色为正规皮鞋的主打色,其他深色系也可以选择。如果我们不好好擦亮自己的鞋,1000 元的鞋看上去也会和 100 元的鞋差不多,客户更不会信任一个连鞋子都擦不亮的人。

6.细节六:男包

无论你从事什么样的职业,合适的包就是你的隐形名片。对于男士来说,拥有一个非常有质感的包是最基础的装备,它会在客户面前彰显你专业、得体的工作形象。在包的颜色选择上,我们还是应以经典的黑色和棕色为主,这种颜色易于搭配。特别需要注意的是,如果较胖体型的人不要使用较小的包,它不仅会让你看上去更胖,还会让人觉得很小家子气;而较瘦体型的人不应搭配过大的包。

对一个销售人员来说，以上这些穿衣细节能够让客户感觉到你的诚恳、稳重和专业，因此对于男士来说，服装的品牌可能不是重点，而着装的细节才是重点。

## ※ 女销售员仪表需注意的几点

在个人着装形象上，女销售人员有更广泛的选择空间，艳丽的服饰、多变的场合、繁多的化妆品，使得女人的着装比男人更加复杂。一般来说，女销售人员的仪表装扮应以整洁美观、稳重大方为总原则，衣装色彩、款式应与自身的年龄、气质、职业相协调。如果我们能注意好几个小细节，就能很顺利地让客户对你留下好印象。

1.注意一：衣装

一般来说，女销售人员的服装以西装、套裙为宜，这是最通用、最稳妥的着装，不论年龄，一套剪裁合体的西装、套裙会使你看起来显得优雅而自信，能给客户留下稳重、专业的良好印象。切忌穿太紧、太透和太露的衣服，否则，会让客户感到不庄重、不雅致，这是着装之大忌。

2.注意二：鞋子

在着装打扮上，穿鞋也是有学问的。总的来说，女销售人员所穿的鞋应和自己的整体衣装相协调，在颜色和款式上与服装相配。不要穿长而尖的高跟鞋，中跟鞋是最佳选择，既稳当又能体现职业销售女性的尊严，能让客户看到你的自信。

3.注意三：袜子

在正装中，肉色丝袜被认为是女性着装中最合适的单品。为防不测，每一个女销售人员都应该在自己的皮包中放一双备用，以备脱丝能及时更换。另外，不论你的腿有多漂亮，都不应在客户面前露出双腿，否则，这是对客户的一种不敬。

4.注意四:首饰

一件精美小巧的首饰对女销售人员的仪表来说可以起到画龙点睛的作用,但切忌首饰要少戴。不要每个手指都戴着戒指;耳环应当小巧且不引人注目,耳环不要过长,以免发出叮当的声响或者触及脖颈;简单朴素的项链能够衬托你的职业气息。过分华丽的首饰不仅会喧宾夺主,还容易分散客户的注意力,这是得不偿失的。

5.注意五:化妆

在妆容方面,女销售人员尽可能打扮得端庄得体就好,注意自己的妆容与衣着保持和谐一致即可。脸部的化妆不要太夸张,眉毛不要染色太多,要用好的香水,但香味不要太浓。

## ※ 简单手势塑造礼仪形象

对销售人员来说,给客户留下的印象是全方位的,不仅自己的外观仪表会在第一时间给客户留下深刻印象,得体的手势礼仪也会吸引客户的注意力,赢得客户的好感。

1.手势礼仪一

销售人员在用手势辅助表达自己的意思时,应注意手势的幅度大小。手势的上界一般不应超过客户的视线,下界不低于自己的胸部,左右摆动的范围不要太宽,应在自己的胸前或右方进行。一般场合中,销售人员的手势动作幅度不宜过大,次数不宜过多。

2.手势礼仪二

当销售人员要与客户握手时,一般应欠身向前,以示对客户的尊重。同时应伸出右手,掌心向左,虎口向上,轻触对方。如果是男士和女士握手,则男士应轻轻握住女士的手指部分,时间 1~3 秒钟,轻轻摇动 1~3 下,向客户表明自己的礼貌、热情。

3.手势礼仪三

作为销售业前锋的导购来说,手势是他们表达心意的得力助手,不同的手势可以表达出不同的用意。在这里我们要注意的是，手势动作不要太大、太夸张，以优美得体为宜。如为客户指示方向时，我们需五指并拢伸直，屈肘由身前向左斜前方抬起，抬到约与肩同高时，再向要指示的方向伸出前臂，身体保持立正，微向左倾。在给客户介绍商品时，我们需左手自然下垂，右手介绍，需要时左手也可以进行辅助介绍。当对客户表达“请”的意思时，我们需五指并拢伸直，掌心向下，手掌平面与地面呈 45 度左右，腕关节要低于肘关节。做动作时，手从腹前抬起，至上腹处，然后以肘关节为轴向右摆动，摆到身体右侧稍前停住，同时身体和头部微由左向右倾斜，视线也由此随之移动；双脚并拢或成右丁字步，左臂自然下垂，目视客户，面带微笑。

4.手势礼仪四

与客户交谈时，不要用手指自己的鼻尖，而应用手掌按在胸口上代表自己。谈到别人时，也不可用手指别人，更忌讳背后对人指点等不礼貌的手势。同时也要避免抓头发、玩饰物、掏鼻孔、剔牙齿、抬腕看表、拉袖子等动作。

优美得体的手势不仅能从形体上给客户一种指示，也体现了销售人员对客户的尊重，塑造了其自身端庄、稳重的形象。当然仅靠手势指示，而神态麻木是不行的，只有靠面部表情和身体姿势的配合，才能给客户一种热诚、舒心的感觉。

## ※ 销售员要做到站如松、坐如钟

众所周知，销售人员的形象在潜移默化中影响着客户的选择。客户会因销售人员的外表形象、行动体态而决定是否可以信任。一个优雅的体态是一个人教养的体现，不仅能体现出销售人员的素质、涵养，更能在无形中得到客户的信任。

为了塑造完美的形象，销售人员在站姿上就要多下一番苦功。一般来说，大多数人在与客户见面时都是先站立在客户面前，因此，首先呈现给客户的就是一个站立的形象。垂头耸肩、含胸屈腿的站立姿势只能让客户感觉拘谨、不可信。我们需要的是站立时能表现出一种青松的气宇，让客户觉得你自然、有精神。站立时，注意以下几个方面：

（1）躯干：挺胸、收腹、立腰、提臀，颈项挺直、头部端正、微收下颌，切忌歪脖、斜腰、挺腹、含胸、抖脚、重心不稳。

（2）面部：头正、两眼平视、嘴微闭、面带笑容目视前方。

（3）四肢：两臂放松自然下垂，双手可放于身体两侧、腹前或背后，虎口向前，手指自然弯曲，不要两手插兜；两腿绷直，脚间距与肩同宽，脚尖向外微分；膝盖自然挺直，小腿向后发力；两脚跟相靠，女性两脚分成“V”字形，脚尖开度为45~60度；身体重心主要支撑在脚掌、脚弓上，不要偏移。如果站立时间过长，感到疲惫时，可将一条腿向前或向后半步，让身体重心轮流放在两条腿上。

## ※ 销售完美形象之“坐姿”

坐姿是销售人员与客户交谈前，给对方的第一印象。温文尔雅的坐姿不仅表现出销售人员的完美形象，更重要的是通过这种姿态，表达出对客户的尊敬。

正确的坐姿能给客户以端正、大方、自然、稳定的感觉。其基本要求是：上体自然坐直，两肩放松，两腿自然弯曲，双腿平落地上，双膝应并拢；男士可稍稍分开，但女士的双膝、脚跟必须靠紧，两手半握拳放在膝上或是交叉放在膝间，小臂平放在坐椅两侧的扶手上，注意由肩到臂，紧贴胸部，胸微挺，腰要直，目平视，嘴微闭，面带笑容，大方、自然。

如果端坐的时间过长，销售人员不免感到疲劳，这时可以变换为侧坐。侧坐分左侧坐和右侧坐两种，在保持坐姿的基本要领基础上，向左（右）摆45度，两脚、两膝靠拢。无论是哪一种坐法，都应以娴熟自如的姿势来表达对客户的尊重，给人以完美的印象。

入座时，要轻而稳，从容自如；女销售人员若着裙装，要用手将裙子稍拢一下，不要坐下后再站起来整理裙子；注意落座的声音要轻，不要忽地坐下，腾地站起。

落座时我们要保持头部端正、上身平直，双目自然平视，双腿自然弯曲，不要耷拉肩膀、含胸驼背、前俯后仰，给人以萎靡不振的印象，这会让客户对我们的印象大打折扣。

另外，销售人员要注意，坐姿的选择要与不同的场合相适应。坐宽大的椅子或沙发时，要注意不要坐得太靠里面，应坐椅子的 2/3，不要靠背，休息时则可轻微靠背；若因谈话等需要侧转身时，上体与腿应同时转动，幅度不宜过大。

女性入座时，注意两膝不能分开，两脚要并拢，可以交叉小腿；如果跷腿坐，注意不要跷得过高，不要把衬裙露出来，还应注意将上面的小腿向后收，脚尖向下；起立时，双腿先后收半步或右脚先向后收半步，然后站起，注意动作不要迅猛，也不要双手扶腿站起。有些男子在落座时，通常会交叠双腿，即跷二郎腿，但在销售活动中，应尽量避免使用这一姿势，因为这会给人以炫耀优势的不平衡的感觉，让客户感到不满。

## ※ 销售完美形象之“走姿”

古话说：“站如松，坐如钟，行如风。”若销售人员走起路来像风一样轻盈稳健，客户不免在心中给你多加上几分印象分。走姿有其独特的美，不仅能显示出销售人员的干练，更能让客户看到你身上的朝气和青春。

塑造完美走姿需注意以下方面。

起步时，以站姿为基础，上身略微前倾，身体重心在前脚掌上；大腿动作幅度要小，主要以向前弹出小腿带出步伐；忌讳挺髋扭臀等不雅的动作，也不要在行走时出现明显的正反“八字脚”。

行走时，销售人员要上体正直，头部端正，双目平视前方，挺胸收腹立腰，重心稍向前倾，面带微笑；双肩平稳，双臂以肩关节为轴前后自然摆动，摆动幅度以 30~40 厘米为宜。

女性行走时两只脚行走路线应是正对前方的一条直线，即常说的一字步，或尽量走成靠近的一条直线，形成腰部与臀部的摆动而显优美，千万不要走成两条直线；相反，男性则要走成两条直线而不能走成一条直线。

男性脚步要利落、稳健、雄健；女性要自如、匀称、轻柔，有明显的节律感和步韵感。男士在行走时不要抽烟，女士则不要吃零食。

在走廊、楼梯等公共通道，销售人员应靠右边而行，不宜在中间大摇大摆；几人同行时，不要并排走，以免影响客户或他人通行；如确需并排走时，不要超过3人，并随时注意主动为他人让路，切忌横冲直撞。

行走中，在任何地方遇到客户，我们都要主动让路，不可抢行；在单人通行的门口，不可两人挤出挤进；遇到客户或同事，应主动退后，并微笑着做出手势“您先请”。在走廊行走时，一般不要随便超过前行的客人，如需超过时，首先应说“对不起”，待客人闪开时说声“谢谢”，再轻轻穿过。

给客户做向导时，销售人员要走在客户前三步远的一侧，以便随时向客户解说和照顾客户；和客户、同事对面擦过时，应主动侧身，并点头问好。

## ※ 注重细节，向客户展现完美形象

对于销售人员来说，自身的形象十分重要，与客户第一次见面时，完美得体的形象能够在客户心中竖立一种信任感，而这正是接下来销售面谈的关键。完美的个人形象，是我们给客户留下的第一印象，而80%的交易都产生在这一瞬间。所以对每一个销售人员来说，打造自己的完美个人形象十分重要。

销售人员的衣装、仪容要大方得体，符和当前场合。在正式办公场合，穿着稳重、合身的西服、套装能在无形中塑造出自己的专业、干练形象，这和穿着休闲装的效果是截然不同的。销售者的站姿和坐姿也会影响顾客对销售者的第一印象，这种形体姿态体现着销售人员的精神状态，从而在很大程度上影响着客户对你的第一印象。

销售人员自身的形象不仅代表着自己的品味，同时也代表了企业和产品质量，客户不会选择一个衣着邋遢的销售人员推销的产品。完美的个人形象能让客户打开内心的第一扇门，让他踏出了解的第一步，这对每一个销售人员来说都是十分重要的。

# 第5章

# 有礼有节，良好的言行举止让客户把握销售中的礼仪要求

销售礼仪是体现销售人员服务的基础，虽然礼仪不能决定销售过程是否顺利，但如果销售人员不重视销售礼仪的话，就一定不能让客户满意。这关系到客户对整个销售服务的印象，所以，一定要引起每一个销售人员的重视。

## ※ 一言一行尽显涵养，取得客户信任

在销售工作中，礼仪是销售人员表示对客户尊重的手段，它的目的就是为了让销售人员能够和客户愉快地交往，得到客户的好感和信任。就个人来说，得体的销售礼仪可以体现销售人员的个人涵养，让客户对其产生敬业、有礼、有节的良好印象，从而形成独特的竞争优势，并转化为公司形象的具体表现。

如今，客户在销售过程中购买的已不仅仅是产品本身，销售人员的个人涵养、服务态度也成为现今客户选择的新标准，销售礼仪的运用已经成了提高品牌形象，取得客户满意的重要手段。礼仪作为销售人员个人涵养的体现，它看似无形，却包含在我们每一天的工作中。销售礼仪大都涉及销售人员举手投足、言谈举止间的细节，然而正是这些细节才透露出了销售人员的素质修养。

每一个销售人员的坐姿站态、音容笑貌，常常能令客户感到愉悦和可信。举止大方、进退有度的待人接物方式传递给客户的是销售人员的善意、尊敬与友好，这些礼仪不仅给客户带来尊重，也给销售人员自己带来自信。

## ※ 言谈礼仪是销售成功中的重要因素

在销售过程中，销售人员的言谈举止给客户的影响很大，言谈礼仪也是销售礼仪的一个重要组成部分。在与客户交流时，如果销售人员能做到言之有礼，谈吐文雅，就会给客户留下非常好的印象；相反，如果满嘴脏话，甚至恶语伤人，那么客户一定不会选择这个销售人员及他推销的产品。

销售言谈礼仪主要有以下几个部分。

1.态度亲切、诚恳

说话本身就是在向客户传达自己的思想感情，因此，销售人员在与客

户交谈时，说话的神态、表情也很重要。如果销售人员嘴上对客户说得十分动听，而表情却是冷冰冰的，那客户会认为你只是在敷衍他而已。所以，说话必须做到态度诚恳、亲切，才能使客户对销售人员产生表里不一的好印象。

2.用语谦逊、文明

销售人员在与客户交流时，要礼貌地称呼对方为“您”“先生”“小姐”等；要常使用礼貌用语，如“请”“感谢”“劳驾”等；多用敬语、谦语和雅语，这能体现销售人员的文化素养以及尊重他人的良好品德。

3.音量适中，咬字清晰

销售人员在与客户交谈时，要注意自己语调是否沉稳、平和，音量大小要适中，符和客户的习惯。针对客户的语言选择用普通话或方言、外语来交流，若有多个客户在场，最好统一用普通话，咬字清晰，以让客户听清楚为准。切忌大声说话，尽量不用或少用语气词，使客户感到亲切自然。

## ※ 如何妙用名片

名片是销售人员与客户联系沟通的重要纽带。因为工作的需要，销售人员势必会用到名片，而这小小的名片其实有着很大的妙用。

名片最原始的作用是向客户做自我介绍时的一个个人展示，但是翻翻你的名片夹，有几个是让你过目不忘的？再想想你自己的名片，与竞争对手有什么区别吗？如果摇头，那你就该动动脑筋，在小小的名片上做点文章了。绝大多数名片存在着资源浪费的现象，有的表现为一面是空白，有的则是毫无必要地印着英文。一般来说，与销售人员交换名片的客户，十之八九是使用中文的同胞，那么英文不印也罢，免得画蛇添足。名片上节省下来的空间，销售人员可以印上一些对客户有用的信息，一条对客户有用的信息抵得上 100 条虚无的头衔。

名片也可以代替署名，很多销售人员每天要发好多邮件与客户联系，署名很麻烦，这时候可以把自己的名片放在信封里。

# ※ 名片礼仪二部曲

名片是销售人员身份的象征，是我们在社交活动中的一个重要工具。名片的使用绝不是个简单的动作，该在什么时候、什么地点，向什么人，怎样递上名片也是一门学问。因此，销售人员要掌握名片递送及接收的礼仪。

1.名片礼仪第一步：递送

向对方递名片时，销售人员应面带微笑，注视对方，将名片正面对着对方，用双手的拇指和食指分别持握名片上端的两角送给对方。如果此时销售人员是坐着的，应当起立或欠身递送，递送时说一些"我叫×××，这是我的名片，请笑纳""这是我的名片，请你收下"之类的客套话。

另外，销售人员在递送名片时要注意：地位低的人先向地位高的人递名片；男性先向女性递名片；当面对许多人时，应先将名片递给职务较高或年龄较大者，如分不清职务高低和年龄大小时，则可先和自己对面左侧方的人交换名片。名片的递送应在介绍之后，在尚未弄清对方身份时不应急于递送名片，更不要把名片视同传单随便散发。

2.名片礼仪第二步：接收

当销售人员接收他人递过来的名片时，应尽快起身，面带微笑，用双手拇指和食指接住名片下方的两角，并说"谢谢""能得到您的名片，深感荣幸"等。随后有一个微笑阅读名片的过程，阅读时可将对方的姓名、职衔念出声来，并抬头看看对方的脸，使对方产生一种受重视的满足感。名片接到后不能随便乱放，当对方递给你名片之后，如果自己没有名片或没带名片，就当首先向对方表示歉意，再如实说明理由。在对方离去之前，或话题尚未结束，不必急于将对方的名片收藏起来。

# ※ 接打电话也需要掌握礼仪

电话被现代人公认为是十分便利的通信工具，在日常工作中，它直接关系到销售人员与客户沟通的过程及结果。客户通过电话能够粗略判断销售人员的人品、性格。因而，掌握正确的、礼貌待人的电话礼仪是非常重要的。

销售人员不能小看电话礼仪的重要性，在接听电话时不可太随便，得讲究必要的礼仪和一定的技巧，以免横生误会。无论是打电话还是接电话，销售人员都应做到语调热情、大方自然，音量适中，表达清楚、简明扼要。

1.电话礼仪一：及时接客户电话

一般来说，在办公室里听到电话铃声，应准确迅速地拿起听筒，最好在三声之内接听。若长时间无人接电话，或让客户久等，是很不礼貌的，对方在等待时心里会十分急躁，从而对你留下不好的印象。如果电话响了六声以后才接听，就应道歉："对不起，让你久等了。"如果销售人员正在做一件要紧的事情不能及时接听，代接的人应妥为解释。如果既不及时接电话，又不道歉，甚至对客户极不耐烦，那么这就是极不礼貌的行为。

2.电话礼仪二：确认客户身份

客户打来电话询问，一般都会主动介绍自己，如果没有介绍或者销售人员没有听清楚，就应该主动确认对方身份：请问您是哪位？我能为您做什么？您找哪位？有些销售人员习惯的做法是，拿起电话听筒盘问一句："喂！哪位？"这在客户听来，陌生而疏远，影响了客户对销售人员的印象。正确的做法是：当销售人员接到客户打来的电话，应先拿起听筒自我介绍："您好！我是×××。请问您是哪位？"如果对方找的人在旁边，销售人员应说："请稍等。"然后用手掩住话筒，轻声招呼你的同事接电话。如果对方找的人不在，销售人员应该告诉对方，并且需问："需要留言吗？我一定转告！"

3.电话礼仪三：讲究打电话的艺术

接听电话时，销售人员应注意使嘴和话筒保持 4 厘米左右的距离；要把耳朵贴近话筒,仔细倾听客户的讲话。最后,应让对方自己结束电话,然后轻轻把话筒放好。不可把电话扔回原处,这对客户是极不礼貌的。

另外在打电话过程中,销售人员绝对不能吸烟、喝茶、吃零食,即使是懒散的姿势对方也能够"听"得出来。如果你打电话的时候,弯着腰躺在椅子上,对方听你的声音就是懒散的、无精打采的;若坐姿端正,所发出的声音也会亲切悦耳,充满活力。因此打电话时,即使看不见对方,也要当做对方就在眼前,尽可能注意自己的姿势。

4.电话礼仪四:了解客户的目的

客户打来的电话几乎都与工作有关,因此每个电话都十分重要,销售人员万不可敷衍对待。即使对方要找的人不在,销售人员也不要只说"不在"就把电话挂了。接电话时要尽可能问清客户的事由,避免误事。销售人员首先应了解客户来电的目的,如自己无法处理,也应认真记录下来,委婉地探求对方来电目的,这样就可赢得客户的好感。

5.电话礼仪五:认真清楚地记录

当客户在电话中提出一些重要信息时,销售人员要认真、及时记录下来,一般来说要用左手持话筒接听,右手准备纸笔,便于随时记录有用信息。在记录时牢记5W1H技巧,即When(何时),Who(何人),Where(何地),What(何事),Why,(为什么),How(如何进行)。

## ※ 握手礼仪要正确

握手,是销售礼仪的一个重要部分。与客户握手代表着销售人员对他的尊重,同时握手的力量、姿势与时间的长短往往能够表达出销售人员对客户的礼遇与态度,显露自己的个性,给客户留下不同印象。

1.握手礼仪一:伸手有先后

当我们在与客户握手时,应遵循"尊者决定"的原则,即位尊者先伸手。握手的基本礼节是:在平辈中,先出手为敬;在长辈与晚辈之间、男女之间行握手礼时,应该是长辈、女士先出手,晚辈、男士先问候再伸手相握;男女之间如女方无握手之意，男方可点头或鞠躬致意。当客户已经伸出手时，销售人员应毫不迟疑地立即回握，拒绝别人的握手和对已经表达出来的友好不予理睬是对客户极不礼貌的。

2.握手礼仪二：握手分左右

销售人员在握手时应该伸出右手，绝不能伸出左手。有的国家和地区忌讳使用左手握手，伸出左手是失礼的。如果是在特殊情况下，不能用右手相握，应向客户说明原因并向对方道歉，以此来博得客户的理解。

3.握手礼仪三：握手前要摘手套

如果销售人员在与客户握手时戴着手套，那么就意味着讨厌对方接触你的手，这是非常失礼的行为。即使对方跟你的关系非常好，这种握手也会产生不好的效果。戴手套与别人握手既不礼貌也是对对方的侮辱，因此我们在握手前应先摘下手套。

4.握手礼仪四：不宜交叉握手

当销售人员遇到两位以上客户时，行握手礼时应一一相握，不宜交叉握手，同时还要注意与多人握手时，时间长短大体相同，不要给人厚此薄彼的感觉。

5.握手礼仪五：握手力度适中

当销售人员与客户握手时，时间不宜过长，握力要轻一些，不可紧握不放，也不可蜻蜓点水，要让彼此感觉到手的力度。与女客户握手时，轻握对方指尖即可，切不可太过用力。

6.握手礼仪六：讲究握手姿态

在握手礼仪中，握手的姿态是有讲究的，为了表示对客户的尊敬，销售人员在握手时上身略微前倾，头略低一些，面带笑容，注视对方眼睛，边握手边开口致意，如说："您好""见到您很高兴""欢迎您""辛苦了"等，让客户感觉到你的真诚和敬意，从而留下良好的第一印象。

## ※ 销售礼仪中的十大禁忌

销售人员在规范自己的礼仪表现时，还应注意避免触及以下所列举的礼仪禁忌，努力在客户面前呈现一个真诚、有礼、专业的形象。

1.忌质问客户

销售人员与客户沟通时，要理解并尊重客户的思想与观点，切不可采取质问的方式与客户谈话，这是一种不懂礼貌的表现，很伤害客户的感情和自尊心。

2.忌与客户争辩

销售人员时刻要记得，与客户争辩解决不了任何问题，只会招致客户的反感。如果在与客户沟通的过程中，销售人员和客户发生激烈的争论，那么即使最后是销售人员占了上风，赢得了胜利，那也是失败。因为这会让销售人员失去客户，丢掉生意。

3.忌命令客户

销售人员在与客户交谈时，要用征询、请教的口气与客户交流，切不可采取命令和批示的口吻与客户交谈，否则，就是一种十分无礼的表现。销售人员要记住，客户是上帝，你无权命令客户。

4.忌独白抢话

销售人员在与客户谈话时要鼓励对方讲话，通过客户表露的内容，我们可以大致了解客户的基本情况，这对我们之后的销售工作有很大的好处。切忌销售人员一个人独白抢话，这是很失礼的。

5.忌太过直白

俗语道："打人不打脸，揭人不揭短。"销售人员在与客户沟通时，如果发现对方在认识上有不妥的地方，也不要直截了当地指出，否则，就会严重伤害客户的自尊心。销售人员要把握谈话的技巧、沟通的艺术，尽量委婉地指出对方的不足。

6.忌炫耀自己

当与客户沟通谈到自己时，销售人员要实事求是地介绍自己，稍加赞美即可，万万不可得意忘形地炫耀自己的出身、学识、财富等，这会在无形中造成你与客户的隔阂，让客户对你敬而远之。

7.忌批评客户

销售人员在与客户沟通时，如果发现客户身上有些缺点，不要当面批评和教育他，更不要大声地指责他，否则是十分无礼的。要知道批评与指责解决不了任何问题，只会招致对方的怨恨与反感。销售人员在与客户交谈时要多用感谢词、赞美语，要多赞美，少批评。

8.忌疏离冷淡

销售人员在与客户谈话时，态度一定要热情，语言一定要真诚，言谈举止都要流露出真情实感，切忌疏离、冷淡客户。

9.忌生涩用语

销售人员在推销产品时，一定不要用太过生涩、难懂的专业术语，否则对于同客户的沟通是十分不利的。如果销售人员不加顾忌地与客户这样去讲，一来客户不能尽快了解产品，二来肯定会招致对方的不快。

10.忌说话生硬

销售人员在与客户说话时，声音要洪亮，语言要优美，切忌说话没有高低、快慢之分，否则会让客户感觉你没有朝气与活力，态度敷衍。

## ※ 你的微笑就是最大的礼仪

笑有很多种，其中微笑是最美的，几乎没有人不会微笑，但却有相当多的销售人员不善于利用微笑。微笑既是一门学问，又是一门艺术，如今越来越多的企业倡导“微笑礼仪”，销售人员的微笑也成了销售礼仪的一项重要内容。

微笑是最富吸引力、最令人愉悦的面部表情，它可以与销售人员的语言和动作相互配合，表现出人际交往中友善、诚信、谦恭的感情因素。微笑礼仪有一种魅力，销售人员若能时刻保持得体的微笑，那么无论走到哪里他都是受客户欢迎的。一个总是微笑的销售人员，谁都喜欢同其打交道。微笑着赞扬客户能使对方感到你的诚心，微笑着劝解客户能使对方感到你的善意，微笑着拒绝客户能使对方体谅你的难处。总之，销售人员的微笑无需成本，但却能够创造出许多价值，它既可以化解客户对自己的陌生感，又可以让客户感觉到宾至如归的亲切，这是尊重客户的一种表现。因此，在销售行业中积极倡导"微笑礼仪"显得十分必要。

## ※ 让微笑始终留在客户的心里

人与人相识，第一印象往往是在前几秒钟形成的，而要改变它，却需付出很长时间的努力。微笑的表情能在第一时间给客户留下一个良好的第一印象，这是因为微笑是所有表情中最能赋予人好感，增加友善和信任感的表现方式。一个面对客户能时刻保持微笑的销售人员，必能体现出他的热情、修养和他的魅力，从而得到客户的信任和尊重。

当销售员微笑去接待客户，就可以清楚微笑有多大的价值。微笑能给客户一种亲切、热情的感觉。加上适当的敬语，会使客人感到亲切、安全、宾至如归。使用微笑礼仪，应当明白以下几点。

1.微笑要发自内心

笑有多种多样，只有当销售人员发自内心地对客户友善，热爱自己所从事的工作时，才能笑得亲切、大方、得体，才会笑容满面地接待每一位顾客。

2.微笑要自然

销售人员与客户的目光一接触，就应很自然地流露出微笑，这种笑容要一直保持下去，无论何时都让客户感到我们是热情好客的，我们是友好的。

3.微笑表现爱岗敬业

客户总是认为能在工作岗位上保持微笑的销售人员是热爱本职工作，是恪尽职守的人。微笑可以创造一种和谐融洽的气氛，让客户倍感愉快和温暖。真正的微笑应发自销售人员的内心，渗透着自己的情感。

表里如一，毫无做作、矫饰的微笑才有感染力，才能被视作“规范的微笑礼仪”。

## ※ 倾听是对客户的尊重

很多销售人员在工作中存在一种误区，即一遇到客户咨询就拼命地讲解，恨不得把所有知道的资料都告诉客户，但客户最后还是敬而远之，选择离开，或持观望态度。这是因为销售人员与客户沟通的过程是一个双向、互动的过程，虽然销售人员的工作是介绍产品，通过陈述来向客户传递相关信息，但若是只有销售人员单方面的努力显然是不够的。在整个销售沟通过程中，客户并不只是被动地接受劝说和聆听介绍，他们也要表达自己的意见和要求，此时销售人员要做的就是认真地倾听。可以说，倾听是代表销售人员对客户的一种尊重，它能帮助我们使整个交易过程事半功倍。

当销售人员认认真真地倾听客户谈话时，客户可以畅所欲言地提出自己的意见和要求，这除了可以满足他们表达内心想法的需求，也可以让他们在倾诉和被倾听中获得尊重和满足。客户希望得到销售人员的关心与尊重，而销售人员的认真倾听则可以使他们的这一希望得以实现。通过有效的倾听，销售人员可以向客户表明，自己十分重视他们的需求，并且正在努力满足他们的需求，这可以间接促使这桩生意成交。

## ※ 倾听礼仪帮你促成交易

倾听当然并不是要求销售人员坐在那里单纯地听客户诉说那么简单，销售人员的倾听是为达成交易而服务的。认真、有效地倾听可以为销售人员提供许多促成交易的机会，但这一切都必须建立在客户愿意表达和倾诉的基础之上。当客户在诉说时，销售人员要注意得体的倾听礼仪，这能帮助我们尽快抓住成交信息，促成交易。

1.倾听礼仪一：集中精力，专心倾听

这是倾听礼仪的基础，也是实现与客户良好沟通的关键。要想做到这一点，销售人员应该在与客户沟通之前做好多方面的准备，如身体准备、心理准备。如果在客户诉说时，销售人员总是一副无精打采的样子，那么客户也不会愿意再和你多说什么。

2.倾听礼仪二：不随意打断客户谈话

随意打断客户谈话会打击客户说话的热情和积极性，如果客户当时的情绪不佳，而销售人员又打断了他的谈话，那无疑是火上浇油。所以，当客户的谈话热情高涨时，销售人员不用发表意见，只要给予必要的、简单的回应即可。

3.倾听礼仪三：不要反驳客户观点

客户在谈话过程中表达的某些观点可能失之偏颇，也可能不符合销售人员的观点，但是销售人员要记住：客户永远都是上帝。如果你实在难以对客户的观点做出积极反应，可以采取提问等方式改变客户谈话的重点，引导客户谈论更能促进销售的话题。

4.倾听礼仪四：及时总结和归纳客户观点

当客户说出一些有价值的信息时，销售人员可以简单地记录并总结一下。这样做，一方面，可以向客户传达你一直在认真倾听；另一方面，也有助于保证你没有误解或歪曲客户的意见，从而尽快找出客户的意向，促成交易。

## ※ 小小细节上的礼仪，决定了销售的成败

销售礼仪是一种体现销售人员对客户尊重的礼节，实际上是满足客户被尊重的心理需求，当客户感到自己被尊重、被重视时，才会有交易的可能。销售说到底就是满足客户需求的过程，除企业、产品等硬件条件外，销售人员在与客户交流中的一些礼仪细节也对销售的成功有着重要的影响。

1.礼仪细节一:永远比客户晚放下电话

永远比客户晚放下电话这个细节更能体现销售人员对客户的尊重,如果销售员在与客户电话交谈时,与客户只说几句便不等对方挂电话,就先挂上了,客户心里肯定不愉快,因此销售人员要注意这个问题。

2.礼仪细节二:与客户交谈中不接电话

销售员就是电话多,与客户交谈中没有电话好像不可能。不过大部分销售员都很懂礼貌,接电话前会在形式上征求一下客户的意见。一般来说对方也会大度地说没问题,但这会让客户产生一种不被重视的感觉。所以销售员在与客户交谈时不应接听电话。如果打电话的确实是重要人物,也要接了以后迅速挂断,等会谈结束后再打过去。

3.礼仪细节三:多说“我们”少说“我”

销售员在说“我们”时会给客户一种心理暗示:销售员是站在客户的角度想问题。虽然它只比“我”多了一个字,但却多了几分亲近,让客户感到十分亲切。

4.礼仪细节四:随身携带记事本

拜访中随手记下时间、地点、客户姓名及头衔、客户需求以及自己的工作总结和体会等,对销售员来说这是一个好的工作习惯。当销售人员一边做笔记一边听客户说话时,除了能鼓励客户说出他的更多需求外,一种受到尊重的感觉也会在客户心中油然而生,那么销售人员接下来的销售工作就会更顺利。

5.礼仪细节五:问候时最好称呼对方姓氏

当销售人员与客户见面时,先要自我介绍,然后询问怎么称呼对方为好。一般来说,称呼对方的姓氏会让他感觉很亲切。如“杨先生,这个产品是……”的效果绝对好于“先生,这个产品是……”

6.礼仪细节六:主动开始谈话

当销售人员拜访客户时,尽管对方已经多少了解到你的来访目的,你仍有必要主动开口讲明来意。你可再次对某些问题进行强调和说明,这也是礼貌的需要,反映了销售人员的工作精神。

7.礼仪细节七:学会倾听的艺术

得体的倾听有两个要求,首先,要给客户留出讲话的时间;其次,要听出客户的“话外音”。如对方首先讲话,销售人员不可打断对方,应做好准备,以便利用恰当的时机给对方以响应,鼓励对方讲下去。当销售人员听出客户的“话外音”时,应巧妙回答对方的问题,让对方感到你一直在认真聆听。

# 第6章

# 慧心魅语，销售中的心理引导让客户乐意购买

在销售行业，营销口才好的销售人员像金子般宝贵，这是因为他们不仅能够为企业创造巨大的销售利润，还能依靠自己的口才做到“以言兴商”“出口成金”。因此，每个销售人员都希望自己能够拥有营销口才的力量，为自己和企业创造更大的收益，更好地为客户服务。

## ※ 营销口才为你打开销售成功之门

在销售过程中，不同的销售人员面对同样的商品，会有不同的销售业绩。善用言辞打动客户的销售人员往往能卖出更多的商品，可见良好的营销口才在其中起到的关键作用。营销口才是赢得客户、扩大市场的法宝，销售市场的开拓离不开销售人员与客户的交流与沟通。营销口才在销售人员日常工作中具有很重要的作用，销售人员说的每句话都代表着企业向客户的承诺。因此，练好口才对营销人员自身业务的发展显得尤为重要。

好口才能帮助销售人员赢得客户的信任。一项成功的营销能使客户对产品建立信心，对营销人员建立信任。销售人员让客户对自己产生信任感是十分重要的，因为客户产生了这种信任就会成为他忠实的客户。信任感只有在良好沟通下才能成功确立，而好口才能够帮助营销人员与客户之间建立良好沟通。

## ※ 善用提问激发客户的好奇心

很多销售人员花费了大量的时间和精力去告诉客户自己所知道的一切信息，殊不知，这种方式只会让客户对你失去兴趣。

营销口才的精髓不在于用信息灌满客户的头脑，而在于用提问激起客户的好奇心。好奇心是人类的天性，每个人都想知道更多自己感兴趣的事。正是这种特性才能使得销售人员在销售过程中能够更好地展示自己过人的营销口才。

1.刺激性提问

如果有人问你：“我能请教你一个问题吗？”你一般都会同意，同时在心里设想对方会问自己什么，这时你的注意力已经全被对方即将提出的问题吸引了，这是好奇天性使然。同样，当销售人员对客户提出问题时，对方也会情不自禁地把注意力集中在你身上。因此,刺激性提问是吸引客户好奇心的一个最简便的方法。

2.话说一半

很多销售人员总是抱怨,客户在听完自己的长篇讲解后依然无动于衷,这是因为他们只是在想方设法满足客户的好奇心,却没有真正激发客户。如果你希望客户能够多关注你及你的产品,那么就不要在一开始就把全部底牌展示在客户面前。话说一半,留一半让客户自己去想,如“这个品牌的吸尘器除了省时、省电,还有一个与其他产品都不同的地方,您不想知道吗?”这种方法会促使客户因为好奇而参与到你的销售讲解中,最终产生购买行为。

## ※ 挖掘客户感兴趣的问题

很多销售人员在与客户交流时都能很轻松地展示自己的产品,介绍自己的公司,但这远远不够,营销口才并不只是体现在对这些固定信息的宣传上,而且体现在如何引起客户兴趣,吸引客户加入到我们的销售流程中来。见到客户除了询问客户的需要外还要问哪些问题,是很多销售员面临的一个难题。那么什么问题会是客户感兴趣的呢?

1.客户的工作目标

每个人都会有自己的工作目标,客户也是如此,销售人员可以在一开始问一下客户现在的工作目标是什么。例如,“您今年的工作目标是什么?”“您家今年有什么新计划么?”每个人都会为自己的目标而努力,也不可避免地会有这样或那样的问题,所以客户会很愿意和你分享他的内心,这十分有利于我们分析客户的心理需求。

2.客户的特殊需求

销售人员在与客户沟通时,往往多问一下客户有无特殊需求就能打开销售的僵局。以往不成功的销售案例告诉我们,不了解客户的特殊需求而盲目介绍产品很容易招致客户的反感。细心观察,礼貌询问,也许就能获得客户的信任，给你施展口才的机会。

3.客户希望的结果

客户希望的结果往往就是客户的最终需求，销售人员通过对客户需求的了解就能够快速分析出自己的产品是否有优势，自己该从哪个方面来解决客户的问题，“对症下药”才能“药到病除”。

## ※ 与客户争论，最终的结果都是失去生意

对客户来说，购买产品是一个需要货比三家、精挑细选的过程。因此，在与销售人员交流时难免会说一些有争议的话，甚至有时会与销售人员的意见相左。此时聪明的销售人员绝不会与客户争论谁对谁错。因为他们知道，客户的专业知识并不如销售人员广博，因此在争论中不一定会获胜。即使他“口服”了，但他内心肯定是不服的，对与他争论的销售人员也提不起好感，这样的结果只会让我们失去这个客户资源，是得不偿失的，与客户争论不是展现销售人员出色口才的目的。下面的例子说明了应该怎样做。

当小刘在与客户李经理谈到自己的产品时，对方毫不顾忌地说：“你们的产品我没听说过，我一直在用××的产品。它可是世界名牌，质量有保证。”小刘知道，如果此时越是争辩自己的产品好，对方就越喜欢竞争对手的产品。于是便忍住没有与客户争论，反而顺着客户的话题说：“您说得不错，这个品牌的产品确实质量过硬，我也支持您使用他们的产品。”小刘的话让客户愣了一下，因为客户没想到小刘居然会赞同自己。接下来小刘就开始与客户谈论自己产品的优势，小刘建议对方可以适用自己的产品，并对他能使用公司的产品表示衷心的感谢。交谈的气氛始终十分融洽。后来这位客户不但购买了小刘的产品，而且还与小刘成了很好的朋友。

销售人员的目的是与客户达成交易，因此就要控制自己的情绪，耐心倾听并寻找合适的突破口，与客户交流时要容许客户有不同意见。不要与其争论、反驳，让双方都有时间把问题考虑清楚，这样才能使你出色的营销口

才发挥它该有的作用。

## ※ 七个“是”让你得到客户

很多时候，客户面对上门推销产品的销售人员没有好感，总是想尽快打发他们离开。而销售人员为了得到订单又不得不纠缠着客户，一而再、再而三地介绍自己的产品，因此给客户留下难缠的坏印象。其实得到客户的方法并不难，七个“是”就可以得到客户。

销售员文强在会见客户夏经理时，一改过去长篇大论的介绍，直接开门见山地问道：“夏经理，您作为这家公司的销售经理，手下有很多销售人员吧。”

夏经理：“是的。”

文强：“据我所知这些销售人员分布在北京各个城区，要想同一时间召集他们不是很容易吧。”

夏经理：“是啊，人太多了，不好召集。”

文强：“那如果赶上公司有什么重大决策变动，不马上通知销售员是不是会耽误事情呢？”

夏经理：“那当然。”

文强：“用电话通知的效率不高吧。”

夏经理：“确实是，有时还会漏掉几个人。”

文强：“打电话也会消耗人力和财力吧。”

夏经理：“嗯。”

文强：“那您想不想改变这个情况呢？”

夏经理：“当然想了。”

文强：“既能迅速有效地通知所有销售人员，还能为您节省不菲的人力、财力，您想不想知道是什么办法呢？”

夏经理：“想，是什么办法呢？”

接下来文强为夏经理详细讲解了自己的产品。由于之前一直肯定了文强的问题，夏经理此时已经在潜意识中认同了文强。最后，文强顺利拿到了订单，出色地完成了这次销售任务。

如果销售人员想运用上文中的这个方法，就要有准确的判断能力和敏捷的思维能力。每个问题的提出都要经过仔细地思考，让客户持续用肯定的口吻来回答问题，这样到最后客户很容易肯定你。

## ※ 适时沉默，会得到更好的效果

很多销售人员存在这样一个错误认知，认为好口才就是一刻不停地说，巧言令色，滔滔不绝。殊不知，正是这种不分场合，不分时机的“口才”才是断送商机的主因。“急于做成生意”“不知道什么时候停止更好”“如果不说话，担心客户会转移注意力”，这些都是促使销售人员说个没完的原因，但是他们却忽略了倾听客户谈话的重要性。

有的销售人员并不是很能说，有时候他们表现得甚至不太爱说话。但是不爱说并不代表不会说，这类销售职员在碰到客户的时候表现沉稳，少言多听使得他们极易取得客户信赖，虽然他们说的话不是很多，但是每句话都能说到客户内心深处，这才是正确的口才运用。

适时沉默也是营销口才的一种，当销售人员在与客户交谈时，一旦发现对方对自己所说的话题心不在焉，就要立刻打住，保持沉默，盯着客户看，一定要让客户先说话。此时客户对你的销售陈述一定是有异议，因此即使是你接着说下去，对方也不会听进去。倒不如选择沉默，以不变应万变，给客户考虑的时间，这样往往能得到意想不到的效果。

## ※ 不要对客户说的三种话

口才是每个销售人员的法宝，虽然人人都会说话，但却不是人人都能把话说好。我们常常会看到有些销售人员因为一句话说错而招致客户反感，最后丢掉订单的情况。销售人员要想发挥销售口才的力量，除了要说得精彩，还要避免不要对客户说出以下三种话。

1.贬低客户的话

在销售行业里，客户永远比不上销售人员专业，所以有的销售人员会在不经意间说出一些伤害客户自尊心的话而不自知，如“这个您不懂”“这个您可没我清楚”。这些话里包含着贬低客户的意思，虽然销售人员无心，只是想打一个圆场、有一个开场白，而在客户听起来，感觉就不太舒服了。与客户打交道，销售人员要多说赞美、肯定的话，但也要注意适当，否则就会让人有种虚伪造作、缺乏真诚之感。

2.质疑客户的话

有的销售人员担心客户听不明白自己的讲解，就会不断地质疑客户：“你明白我的意思吗？”“这么简单的问题，你了解吗？”这种质疑的口气很容易让客户心生不满，这种话会让客户感觉得不到起码的尊重。其实，我们完全可以换一种方式，如用试探的口吻询问对方：“我说得太快了，用不用再详细讲解一下？”同样的意思，这种说法就比较容易让客户接受。若真的哪里不明白，客户也会主动询问。

3.枯燥无味的话

在销售中有些枯燥的讲解，销售人员不得不去讲解给客户听，但如果一味照本宣科，不但不会吸引客户注意，反而会让对方心生倦意。高明的销售人员会择重就轻，同时，在讲解过程中还穿插一些小故事、小笑话来放松一下，然后再回到正题上，这样效果更好。

## ※ 用声音增强言辞说服力

每个人的声音都不同，同样的内容，换不同的人讲会有不同的效果。有时客户听一个销售人员说话就知道他到底有没有经验，够不够专业。那么怎样才能最大限度地发挥声音对口才的影响力呢？这就需要销售人员做到以下几点。

1.声音优美、圆润

不是所有人都有悦耳动听的黄鹂音，但是尖利、刺耳的声音客户一定不喜欢。销售人员在说话时，不仅要面带微笑，还要尽力发出一种平稳、动听的声音，这是取得客户好印象的重要因素。

2.语调柔和、平稳

销售人员在与客户交流时，多用平稳、柔和的语调说话，这种语调能传达出一种胸有成竹的自信，让客户不自觉地相信你对工作十分专业，也更加愿意与你交流。

3.配合客户的语速

一般来说，说话的速度不能一成不变，那会有如一摊死水般无趣，销售人员要根据谈话的内容和客户的性格适时调整自己的语速。如果客户说话缓慢，那么销售人员也要慢慢表达自己的用意，给客户一个消化的过程；如果客户是个急性子，说话速度很快，那么销售人员要懂得控制对方的语速，让对方听明白自己的表达。

## ※ 用自信提升销售口才的力量

营销口才具有一种神奇的力量，每个人都会说话，但不是每个人都能把营销口才的力量发挥得淋漓尽致。销售是一个不断面对挑战的行业，销售人员不仅要面对业绩的挑战，面对新客户的挑战，还要面对自己的极限与能力的挑战。一个有良好口才的销售人员总是充满自信地面对这些挑战，他知道这种挑战能够成就自己，是自己成功的必经之路。如果一开始就没有自信，认为自己“不可能”“做不到”，那么就不能气定神闲地与客户交谈，自卑和不自信的心态也会影响到客户的感觉。

销售人员每次在开口的时候都应记得要求自己用“我可以！我愿意试试看”这句话来替换“我不行”，因为不断去尝试，才能不断地累积经验。同时，也没有客户愿意把机会给一个说自己不行的人，因为他的不自信会让客户没有安全感。

自信的心态能够让销售人员挺起腰杆,说话底气十足。其实应该让销售人害怕的不是去尝试,而是没有机会去尝试才对。所以,对一个销售员来说,我们应该做的事是积极努力地去争取所有能够让自己成长的机会,不断地进行自我激励:“我行!我行!我可以!”在这种心态下才能发挥出营销口才的神奇力量。销售人员要为自己未来辉煌的销售业绩奋斗,这些都是从自信的人生态度开始的。

## ※ 赞美客户,让你赢得客户的认同

每个人都喜欢听到赞扬自己的话,客户也不例外。有的时候,几句看起来不起眼的赞美,却有着意想不到的效果。当销售人员赞美客户时,客户嘴上会说“哪里哪里,只是运气好而已”,心中却是很开心。

赞美是销售人员接近客户的好方法,赞美客户必须真诚,赞美的话若不真诚,就成为拍马屁,这样的赞美效果当然不会好。

销售人员可以赞美客户的地方有很多,如“您的声音真有磁性”“没有想到您的普通话这么好,就像主持人一样”;也可以赞美客户的想法,如“原来关键的地方在这里,我怎么没有想到呢”“您讲得太有道理了”。赞美客户的性格也是很好的方法,如“东北人就是东北人,做事就是爽快”“有魄力!领导就是领导”;还可以说“您分析问题真有条理”“这么清晰的思路!佩服”“您确实是一位非常细心的人”“只有像您这样慎重,才能够作出正确的判断”等。

只要销售人员认真寻找,就一定可以找到客户身上许多值得赞美的地方,然后你用真诚的心把它讲出来,只要恰到好处,就能让客户很快喜欢你。

## ※ 赞美客户的几点原则

赞美是一种低成本高回报的营销口才技巧。它能缩短销售人员与客户内心的距离，使得客户更加信任我们。但是赞美对方也是有原则的，过度的赞美只会让客户认为销售人员是个油嘴滑舌的人，因此销售人员要十分注意。

1.让赞美始终真诚

这是赞美的先决条件，销售人员只有发自内心地赞美，才能得到客户的好感和认同。而且赞美的内容应该是客户拥有的、真实的，而不是无中生有，更不能将别人的缺陷、不足作为赞美的对象。销售人员的赞美要真正发自肺腑，情真意切，言不由衷的赞美无疑是一种谄媚，最终只能招来客户的厌恶和唾弃。

2.赞美要适时

销售人员在交际中要认真把握时机，及时的赞美是十分重要的。当销售人员发现客户有值得赞美的地方时，就要及时大胆地去赞美，千万不要错过机会。当客户成功之时，销售人员若能送上一句赞语，就犹如锦上添花，其欣喜之情可想而知。

3.赞美要适度

销售人员对赞美的尺度掌握得如何，往往直接影响着赞美的效果。恰如其分、点到为止的赞美才是真正的赞美。而那些使用华丽辞藻过度的恭维、空洞的吹捧，只会使客户感到不舒服、不自在，甚至感到难受、肉麻、厌恶，其结果适得其反。

# 第7章

# 客源哪里找，掌握寻找客户群的心理技巧让你财源不断

有效的客户才是我们施展销售才能的对象，然而怎样精准定位有效客户又是一个难题，销售人员需要一些技巧来帮助自己寻找到合适的客户目标。

## ※ 有效客户从哪里寻找：掌握“五步”原则

对于一些初入销售行业的人来说，最大的苦恼某过于没有客户了。没有客户就如同神枪手找不到目标，英雄无用武之地，而销售事业的失败很大程度上也是因为我们对客户的定位不到位，可以说，准确找到有效客户是每一个销售人员的必修课。那么什么样的人可以称作有效客户呢？MAN 法则为我们定义了有效客户的三个基本因素。

M(Money)：代表“金钱”，即客户必须有一定的购买能力，这是决定销售过程是否成功的必要因素，如果没有购买力，那么即使销售人员与客户谈得再好，客户也是不能下单的。

A(Authority)：代表购买“决定权”，即客户能够决定是否购买，购买多少等。有的销售人员分不清这个因素，往往用大量的时间、精力去谈，最后客户却说自己不能拿主意，需要与家人再商量，这无疑是对销售人员精力的一种浪费。

N(Need)：代表“需求”，即客户对产品、服务方面的需求，这是客户是否会产生购买欲望的关键因素。无论销售人员口才多好，产品多好，如果这个东西客户不需要，那么他是不可能会与销售人员签单的。

以上三点是销售人员寻找有效客户的一个依据，满足 MAN 法则的客户是我们的最佳客户。对一个有效客户展开销售攻势往往能达到事半功倍的效果，销售人员要擦亮自己的双眼，寻找属于自己的有效客户。

## ※ 从亲友开始，起步更轻松

很多销售人员认为，在茫茫人海中寻找有效客户是一件很难的事情，然而有经验的销售人员却认为“千金宝藏终在脚下”。

众所周知，销售是一项需要广阔人脉和十足信任感的行业，初入这个行业的销售人员在寻找客户时总会陷入各种迷途。当他们满怀激情地对客户讲解产品时，客户不屑一顾的神情常会打消他们的热情。其实这是因为客户对我们的产品不感兴趣，并不是产品或销售人员自身的问题。这样就会产生一个问题，即怎样才能找到对我们产品感兴趣的有效客户呢？有一种有效的方法就是把自己身边的亲朋好友定位为客户。

一般来说，亲朋好友成为有效客户的概率最高，成交概率也最高，这是因为我们对自己身边亲友的条件、性格和需求把握的最多、最全面，能够准确判断亲友是否符合 MAN 法则，成为我们的有效客户。同时，由于亲友之间彼此熟悉，信任度也较高，销售人员的工作不会在一开始就遭到拒绝。即使亲友不能成为我们的客户，他也能为我们源源不断地介绍客户，对销售人员的工作也有很大的帮助。

销售人员要做的就是整理自己亲友的名单，仔细思索谁可以成为自己的准客户，谁可以成为自己的介绍源，然后寻找时机与他们联系，从此走出销售工作的第一步。

## ※ 积累有效客户的渠道

除了社会信息对我们的帮助，销售人员还应利用多种渠道来寻找有效客户。

1.渠道一：企业帮助

当销售人员在企业中无从下手，找不到客户时，可以寻求来自企业内部的帮助，如企业内部的销售业绩单，那里面有很多客户信息。虽然这些客户已经购买了一些产品，但不代表他就不能再次购买。如果销售人员能踏出勇敢的一步，那么有可能开拓客户，再次拿下订单。

2.渠道二：资源共享

销售人员每天都会接触到很多人，其中不乏会有一些同行，例如其他行业的推销员。这些人熟知客户的特性，手里也会有一部分质量很高的客户资源，只要不涉及利益纷争，销售人员完全可以和对方成为朋友，共享客户资源。这时不仅多了一个商业伙伴，共赢的利益模式也为我们赢得了一个朋友。

3.渠道三：网络宣传

如果销售人员销售的产品对企业有利，那么销售人员完全可以利用网络的力量寻找客户。网络寻找的优势在于更加直观、迅速，网上众多的分类信息能帮助销售人员在很短的时间内就建立自己的客户群，甚至能在同一时间与好几个客户同时沟通。

## ※ 寻找有效客户的“五步原则”

销售人员最头痛的莫过于无法在人来人往的市场中找到客户，其实何必把眼光放在风云变幻的市场中？只要销售人员能够尝试和行色匆匆的人交往就会发现，这些人都可以成为你的客户，而他们距离你最远也不过五步距离，这里涉及著名的“五步原则”。

专业的销售人员不放过任何一个步入他“五步”范围的陌生人，在公交车上，在商场里，在公园中，他们很乐意和每一个陌生人交谈，慢慢结交成为朋友，最后发展成客户。当然，并不是每个陌生人都能发展成客户，但这确实是一个积累客户的好方法，我们为什么不试试呢？

当一个走进了你的五步范围，首先要做的就是要友好而热情地向对方打招呼，没有人会拒绝别人礼貌而热情的问候。接下来可以介绍自己并询问对方的姓名、工作，善意的对话使对方不得不回应你。当他们问及我们的目的时，销售人员要及时把自己名片恭敬地递到对方手中，如果对方有意，就会饶有兴趣地问我们一些问题。销售人员需要的就是这么一个机会。当对方同意留下联系方式，以备之后联系时，我们就可以算是踏出了成功的第一步。无论这个潜客户最后是否能够和我们签单，最起码我们多了一个可以接触的人，这个客户身后的交际圈也就在无形中被我们打开了。

## ※ 开发新客户为销售奠定基础

每个销售人员都知道，客户是销售的基础，销售的本质不是卖出产品，而是创造客户。销售人员只有拥有了客户，才可能有销售业绩，客户越多，销售人员的工作也就越顺利。然而老客户的需求是固定的，不会在短时间内有大幅度的增长。因此，新客户就成了销售人员为了工作而必须要开发的目标，销售是从开发新客户开始的。

开发新客户可以说是一个企业的成长的源泉，新客户开发的数量直接影响着销售人员销售业绩的好坏，新客户的开发在企业中尤其重要，绝不可忽视。

一位销售人员在与客户结识后的第二天晚上，给客户打了一个电话，表达了三层意思：一是询问客户对自己提供的咨询服务是否满意。如果客户回答说“满意”，就赞美客户拥有明智的眼光；如果客户回答说“不满意”，就提出为客户继续服务，再继续约见拜访时间。二是送客户一件小礼品，这是一个巧妙的招数，这个小礼品会让客户有种惊喜感，会让客户感动。三是销售人员再请求客户帮他介绍其他有需求的客户，或者继续购买自己的产品。这时客户是不会拒绝这样讨人喜欢的业务员所提出的要求的，销售就这样获得了成功。

## ※ 掌握开发新客户的经验法则

开发新客户是摆在每一个销售人员面前的重要课题，做销售不要妄想客户会主动来找我们。一个优秀的销售人员知道要做好充足的准备工作，才能行之有效地去开发新客户。开发新客户的重要性已无需赘言，现在我们来看看能帮助我们成功开发新客户的几条经验法则。

1.法则一：定位客户群体

销售人员要想成功开发新客户，首先要先明确自己的客户群体在哪里。在开发客户前，收集一下客户的资料是十分必要的。机遇永远垂青于有准备的人，盲目地给客户打电话只会增加对方的困扰，甚至不能得到一个面谈的机会，这是很不可取的。

2.法则二：高效率开发

高效率的开发客户要求销售人员在较短的时间内开发大量的客户，最直接的方法就是打电话预约。电话约访也有几条小技巧，能够帮助销售人员事半功倍地完成开发目标。比如，在打电话之前，销售人员多下点工夫整理一下自己想讲的内容，再准备一个联系人名单，按照事先收集好的客户群体分门别类地整理好客户资料，以防在打电话时用大量时间来寻找客户的姓名、联系方式。另外，在打电话的过程中，销售人员要注意节奏，不要花费大量的时间在产品介绍上，要简明告诉对方自己的来意，并与对方约见时间。一般来说，销售电话应该持续大约3分钟，而且应该专注于介绍销售人员自身，大概地了解一下对方的需求，然后给对方一个很好的理由让对方愿意花费宝贵的时间和你交谈。

3.法则三：坚持不懈

毅力是成功开发新客户的重要因素之一，如果经历几次拒绝就放弃开发客户，那么这样的销售人员是不可能获得成功的。

## ※ 如何让老客户成为你的兼职推销员

新客户对他们新购买的商品充满了喜爱，尤其是那些给他们带来便利的东西，会争先恐后地向自己的亲朋好友炫耀。此时，销售人员要利用这种免费的广告效应。例如当客户购买了新电视等产品之后一周询问其使用情况，并提醒客户一些使用中的注意事项。这些举动不仅能够获得新客户的肯定，同时也会为自己吸引更多转介绍客户，从这些新客户那里所获得的转介绍客源肯定会比销售人员从其渠道那里得到的多。

一个早晨,一位上了年纪的妇人来到史密斯先生的商店,她看中了一枚钻石胸针,后来她开支票买了一枚。史密斯在把胸针包装好递给她后,和她聊了许多除买卖之外的话。史密斯告诉这个妇人他本人也很喜欢这枚胸针,还告诉她胸针上的那颗钻石出自南非最大的钻石矿,是这个商店里最好的钻石,希望她能喜欢。老妇人听完史密斯的话感动得流下热泪,她说她一开始还担心那颗钻石是不是真值那么多钱,听史密斯一说就放心了。在她离开一个小时后她就又带来了另一位顾客,在史密斯先生的商店了又买了一些饰品。

这个案例告诉我们,新客户在购物后需要人们对他的肯定,同时急切需要人们的认同。销售人员要把握好这个时机,在适当的时机真诚地赞美新客户,这样就能获得对方发自内心的感激,同时新客户也会介绍客户给我们,这时再次成交的可能性就会大大提升。

## ※ 维护老客户的四个法宝

以往在销售活动中,有相当一部分销售人员只重视吸引新客户,而忽视了维护老客户的重要性,最后造成售后服务中诸多问题堆积,使得老客户大量流失。表面上看,销售人员以牺牲老客户为代价赢得了新客户,似乎业绩没有收到多大影响,实际上开发新客户的成本比维护老客户要高得多,这种付出与回报是不成正比的。

老客户所能带来的效益就像滚雪球一般,只要销售人员有足够的耐性和良好的服务,这个“雪球”就会滚成相当惊人的体积,优势也会越来越明显。然而现在的市场日趋完善,产品大致相同,价格不相上下,不同企业推出的营销手段、促销折扣也大同小异,销售人员凭什么来留住老客户,让其成为自己的忠实客户呢?下面几点是维护好老客户的法宝。

1.多关心客户

老客户最担心的问题,莫过于当产品出现质量问题时无人解决,因此销售人员要多关心老客户,以电话、卡片、宣传页等方式向老客户表达自己的关心，不时询问一下客户使用产品的感触，如果出现问题就可以及时帮助客户解决。销售人员的关心会让客户十分感动，这样就能大大增加客户再次购买或转介绍新客户的概率。

2.为客户着想

优秀的销售人员知道不能仅仅看到自己的利益，现今与客户合作要追求互利双赢，在维护老客户时，销售人员要多为客户着想，后期服务时不要盲目地推销给客户不需要的东西，尽量为客户节省开支，这样客户也会体谅我们的用心，更加信任我们的服务。

3.感恩客户

客户是销售人员的衣食父母，尤其对于需要维护的老客户，销售人员要时刻抱有一颗感恩的心，从内心尊重客户，向客户表达自己的感激。当客户感受到我们的尊重和认同时，就会从内心对销售人员增加好感。

4.信守原则

一个信守原则的销售人员会赢得客户的尊重和信任，因为客户也知道，满足这种需要并不是无条件的，而必须是在坚持一定原则下的满足。只有作为一名信守原则的销售员，客户才有理由相信我们在推荐产品给他时遵守了一定的原则，才能放心与我们再次合作和交往。

## ※ 维护企业老客户的有效方案

企业老客户相对于个人老客户拥有更大的市场和机遇，同时维护的难度也更大，销售人员需要策划出有效可行的维护方案，才能让企业老客户从中感受到我们的诚意，并再次成为购买产品的客户。

1.维护方案一：多次回访，令客户满意

经常回访客户是增进双方感情的有效途径之一。销售人员在回访时应注意了解客户使用产品的情况，了解客户近期有无新的需求，以便发现新的销售机会，同时要不失时机地向客户宣传、推介新产品，以便创造新商机。

2.维护方案二:开展联谊活动,增进感情

与客户共同组织联谊活动,如组织球队进行比赛、共同举办文艺演出等,也是一种增进双方了解的好方法,销售人员不仅以此提高自己企业的知名度,同时也拉近了与客户的距离。这种活动不涉及商业问题,双方都会感觉很轻松,客户会为拥有这样的销售伙伴而高兴,更会主动介绍朋友来与销售人员做生意,一举两得。

3.维护方案三:制作刊物,赞美客户

品牌和声誉是每个企业的灵魂,销售人员可以自制刊物,将客户的优秀事迹刊登在内刊上,这是销售人员实质上的赞美。当客户看到自己企业的里程碑事件、声誉被对方视若珍宝,会从内心产生一种自豪感,这时无论我们是约访客户还是继续开发,都不会遭到客户的严词拒绝,因为这份刊物已经打消了他对销售人员的戒备之心,甚至很乐意与销售人员见面、交谈。

4.维护方案四:建立档案,全程服务

很多销售人员因为企业老客户对自己产品的熟识而不愿意再为其提供更多服务,这是错误的,老客户更需要要销售人员的细心对待。建立完善全面的客户档案,全程追踪客户,时刻关心客户,为客户提供帮助的销售人员更容易让老客户信任。企业老客户可以从销售人员身上看到其服务的企业品牌信誉,从而乐意继续与该销售人员合作。

## ※ 挑剔的客户是最有效的客户

优秀的销售人员都有一双火眼金睛,通过短暂的交流,他们能迅速地分析出自己的有效客户是谁。一般来说,挑剔产品的人才是真正有购买需求的有效客户。客户挑剔是因为他想继续来往或想购买,如果销售人员能完美地处理好客户的挑剔,那么必能成交。

销售人员要勇敢面对挑剔的客户,更要感谢客户的挑剔,因为嫌货人才是买货人。客户来挑剔,表示客户要买货,而且可能成为回头客,甚至成为永久的忠实客户。销售人员面对挑剔的客户,要摆正自己的立场和心态,采取正确有效的方法消除客户的顾虑，解决客户的问题，要让客户满意。

在与客户交流时，销售人员要站在客户的立场看待问题，不要排斥和拒绝客户的反应，应冷静客观地分析客户挑剔所在，了解客户为何挑剔，并就事实加以沟通讨论，此时往往是建立和客户之间信任感的最佳时机。问题解决了，客户不再挑剔了，这桩生意也就达成了。

有时，客户挑剔的并不仅仅是产品的质量，还有销售人员的服务态度，因此销售人员要营造协调愉快的气氛。就算是面对最挑剔的客户，也要面带笑容，耐心而认真地倾听客户的意见，并且不可计较客户不礼貌的言辞和态度，这样客户的挑剔情绪就会逐渐降低甚至消失，销售人员就会得到一个有效客户。

## ※ 让老客户为你介绍有效客户

事实上，当销售人员为找不到有效客户而发愁时，往往是因为他们没有意识到他浪费了一种非常好的客户资源，即老客户。实际上，老客户的推荐非常有效，如果销售人员想快速定位有效客户，就一定要利用好这个资源。

老客户虽然不能持续不断地在销售人员这里购买产品，但却能持续不断地把自己使用产品后的感想告诉给别人。这一举动一方面为我们的产品做了广告；另一方面也在帮助我们挖掘更多的潜客户。当老客户的朋友、家人听到他转述的产品使用心得，若赞同就会产生购买的欲望，这就是商机。很多销售人员拼命开发新客户，拼命打广告，却忽略了最大的销售力量——老客户的推荐。

小张每次服务完一个顾客，就会留给对方两张名片，他对客户解释说："如果您觉得我服务得好，当您身边有朋友需要此项服务的时候，烦劳您把我的名片给他们，我将向服务您一样服务好您的朋友。"结果，总有老顾客为他推荐就新顾客。

在销售过程中，销售人员千万不要忘了老客户的力量，老客户可以为我们推荐更多的有效客户。这就要求销售人员更加严格地要求自己，做好自身的售后服务，这样老客户就才会选择并忠诚于你，最终实现双方互利双赢的良好局面。

## ※ 深挖资源，你会发现源源不断的新客户

老客户的转介绍是我们开拓准客户最为有效的方法之一，很多优秀的销售人员都善于利用自己手中的客户资源进行再次开发。老客户群中还隐藏着很多准客户，存在很大的市场。如果能得到老客户的推荐，那么销售人员就可以最大限度地减少新客户对自己的陌生感和不信任感，使得我们的工作更具说服力，更易促成交易。那么销售人员该怎么做才能争取到客户的推荐呢？

1.专业服务赢得老客户认同

每一个客户都愿意把自认为不错的产品介绍给自己的好朋友，基于这种心理，销售人员就要展现自己专业的服务，并以真诚的态度来得到客户的认同。只有客户从内心认同了我们的服务，才会放心把自己家人、朋友介绍给我们。

2.与客户沟通获得新客户资料

当销售人员得到客户的认同后，就要不失时机地索要推荐客户名单。在这里我们要注意，我们需要的，不仅仅是姓名、电话，我们还需要新客户更深层次的资料，比如新客户的喜好、计划、性格等，这些资料都来源于与老客户的沟通。销售人员通过与老客户的沟通，能够准确掌握推荐客户的资料，为之后的销售工作奠定坚实的基础。

3. 筛选客户以便展开销售攻势

销售人员根据自己掌握的资料，认真地对推荐人名单进行筛选，最后锁定有购买力、购买需求的客户，在适当时间进行拜访。由于有老客户的推荐关系，新客户不会拒销售人员于千里之外，甚至还会产生一种亲切感。销售人员利用已经了解到的情况，针对客户的需求展开销售攻势，必定事半功倍。

# ※ 针对不同类型客户的应对原则

在商海中，知己知彼才能百战不殆。优秀的销售人员会在自己的客户定位中将客户划分为几种类型，然后根据其特性来有策略地展开自己的开发、销售工作。不同类型的客户有不同的性格和心理特征，吸引他们的营销点也有所不同，销售人员在销售过程中要对症下药才能获得成功。

1.第一类型：理智型客户

这类客户为人处世十分理智，有自己的原则，不会因为与销售人员私人关系的好坏而影响自己的决断。通常这类客户比较心细，销售人员不能用送礼、奉承等方式来接近他们，最好的方式就是坦诚以待，把自己产品的优劣、价格等信息直接告诉客户，等待对方的选择，用自己的真诚来打动对方。

2.第二类型：主人翁型客户

这类型客户大部分是企业的老板，或者在企业中占有举足轻重的地位。这样的客户追求价格、质量、服务的最佳结合，尤其最为关注价格。对于这样的客户，销售人员要在价格上给予适当的满足，让对方感觉我们的产品性价比最高，同时，要经常回访，保持沟通交流，使双方的合作能够长期进行下去。

3.第三类型：关系型客户

通常这种类型的客户都是在朋友关系的基础上转变成客户交易关系的，对于这种客户，销售人员一定要把握好“客户”和“朋友”之间的关系，把帮忙和赚钱分开，在正式商业场洽谈好一切条件，按照正规方式操作，否则一旦出现问题就会很难收场。

4.第四类型：吝啬型客户

这种类型的客户一般比较吝啬，他们成交生意的衡量标准就是自己的收益。大多数情况下他们会把价格压得很低，让销售人员没有任何利益可言。对待这样的客户，销售人员要展现自尊、自强的一面，“买卖不成，仁义在”，不要因为一桩生意而丧失自己企业的利益。要把握“有理、有利、有节”的原则，坚持自己的立场，不轻易让步。

# 第8章

# 细心策划，掌握轻松接近客户的心理技巧

在销售工作中，销售人员不仅要具有真诚、专业的服务，还要懂得接近客户的技巧，这样销售人员才能在不知不觉中取得客户的信任，使客户接受我们的产品和服务，随即完成交易。

## ※ 想接近客户，首先要让客户满意

对每一个销售人员来说，接近客户的目的无外乎是达成最终的交易目标，那么如何在一开始就获得客户的信任十分重要。一般来说，让客户满意自己的产品和服务是最简单、最快捷的方法，而如何分辨客户是否真的满意，就需要销售人员灵活应变、懂得分析客户的购买心理了。一般来说，客户表示满意的方式有如下几种。

(1)对销售人员的产品或服务表示出喜爱或满意之情。

(2)对销售人员所介绍的产品十分期待。

(3)十分惊讶销售人员介绍的产品或服务，不惜调整自己的习惯或观念来适应。

(4)对销售人员介绍的产品或服务产生安全感。

以上几点充分说明，接近客户的第一步要以产品来打动客户，当客户满意于销售人员的产品和服务时，内心就会不断地增加好感。这样，销售人员才能顺利地打开客户的心扉，接近客户。

## ※ 激发客户对产品的兴趣

人都是有好奇心的，客户也不例外，当客户对销售人员的产品或服务产生兴趣时，就会降低戒备心理，这时销售人员就能够很顺利地接近客户。但有的销售人员在初次面对客户时表现得有些紧张，不是例行公事地介绍产品，就是默默无语地等待客户询问，这几种方式不会让客户产生丝毫兴趣，只会让他感觉枯燥，想尽早摆脱你。所以销售人员在与客户接触时，要通过沟通使客户产生想继续交谈或了解产品的兴趣，这样才有后续的销售可能。

王文是某招聘网站的职员，她每个月都会自制一些电子招聘杂志，收录时下的招聘热点文章，然后发给不同企业的人事主管。由于她的电子杂志内容短小精悍,很多人事主管看后觉得对自己的工作有很大的帮助,不禁对王文产生兴趣,纷纷致电给她。王文借机宣传自己的招聘网站业务,获得了很好的反响。

可以说,兴趣是销售人员吸引客户的法宝,销售人员在每一次拜访客户时,都要带给客户一个积极的、有利的消息,这样客户就会十分期待销售人员的到来,也就更加容易接近。

## ※ 赢得客户的亲身参与

很多时候,客户拒绝销售人员的接近是因为对产品服务没有兴趣,此时销售人员会受到较多的拒绝和排斥。如果销售人员想改变这种情况,可以效仿某些企业的做法,通过试用、免费品尝等方式赢得客户的参与,让客户的潜在消费欲望得到提升。

有些产品,如系统服务、软件管理等电子高科技技术产品,可以通过演示光盘为客户进行系统演示,使客户通过亲自体验产生兴趣,这样的介绍要比跟客户直接谈产品功能要好得多。客户通过亲自试用,会发现新产品可以解决哪些问题,从而做出购买行为。再如 CD 的视听会、新食品的免费品尝等,都能使客户完全参与到我们的销售过程中来。

某些化妆品销售人员在销售产品时,总是提供一套试用品。在客户购买之前,可以让客户接受一次免费的皮肤护理,使客户亲身感受护理前和护理后的皮肤变化。之后销售人员再借机接近客户,给客户介绍皮肤护理及美容知识,这样使客户产生安全感,不断购买并陆续把这种体验式的消费方式介绍给其他朋友,这也不失为一种接近客户的好办法。

## ※ 塑造专业形象,让自己成为专家

通过见面的第一眼,老师能感觉出学生是踏实还是调皮,银行家能分辨出客户财力是大是小，警察能判断他人是否有嫌疑。虽然凭第一眼主观印象就给人下定义是不客观的，但很多人都是凭第一印象来待人处事。因此，塑造销售人员专业、可信的形象是增加客户好感、有利于接近客户的一种方式。

销售人员可以通过电话预约、寄发销售信件、见面拜访等过程塑造自己的专业形象，而外在形象是销售人员展示给客户的第一份证明书，如果销售人员的形象太过邋遢，那么任谁也不会相信这样的人能给自己带来好产品。

外表的魅力可以让销售人员受到客户的信任，穿戴整洁、举止有礼的销售人员更容易赢得客户的信任和好感，而一个衣冠不整、举止粗鲁的销售人员会给客户留下糟糕的印象。因此，如何塑造良好的职业形象已经成为销售人员必修的课程之一。

## ※ 掌握接近客户的三个步骤

在销售技巧中，接近客户也有可以遵循的三个步骤，销售人员按照这个程序，可以避免走很多弯路，较快地接近客户。当然，在商海中，销售人员会遇到无数种与客户打交道的情形，这三个步骤只是一个简单的概括，具体情形还要销售人员依据自身情况灵活应变。

1.步骤一：了解客户信息并明确接近目的

当销售人员准备接近某个客户时，一定要事先准备好这个客户的相关信息，比如客户的姓名、兴趣、联系方式等。同时要明确自己接近客户的目的，是要求和客户面谈、询问客户的需求，还是请求客户转介绍。只有目的明确，销售人员才能做好充足准备，得到自己想要的结果。

2.步骤二：选择合适的方式接近客户

一般来讲，销售人员接近客户的方式有四种——电话方式、直接拜访、信函方式和传真方式，每一种方式都能产生不一样的接近效果。比如，如果销售人员的目的是约客户见面，那么给客户打电话是最好的方式；信函和传真等方式可以向客户详细地介绍产品；直接拜访则是销售人员与客户探讨销售细节的最佳方式。

3.步骤三:活用话术,取得客户好感

在初次见面时,销售人员完全可以用话术来接近客户,减轻对方的警戒感,接近话术共分以下几步。

(1)称呼对方的名字。

(2)自我介绍。

(3)感谢对方的接见。

(4)寒暄赞美对方。

(5)表达拜访的理由。

(6)解决客户疑问。

以上这三个步骤能帮助销售人员在最短的时间内展现给客户一个自信、得体、专业的形象,从而大大增加与客户合作的可能。

## ※ 赞美客户的三种方法

当客户第一次接触销售人员时,他的观念是很"主观的",他会通过销售人员的外在形象、做事细节等产生一个主观印象,同时可能对销售人员所介绍的产品有防备心理。这时只有迅速打开客户的心扉,才能让客户产生信任感,进入到销售场景中来。真诚、友善的赞美是打消客户顾虑的敲门砖,优秀的销售人员能够通过适度的赞美,让客户对自己先产生信任感,接着引起客户的注意,直至最后引发客户的购买欲望。现在就让我们学习一下赞美客户的两种方法。

(1)方法一:夸奖客户所取得的成绩。如"李经理,您带领您的团队在这一季度获得了大奖,您是我们所有销售员的楷模,我们要向您多多学习。"

(2)方法二:代表第三者表达夸奖之意。如"我们总经理要我感谢您对本公司多年的照顾,他总说您是这个行业的领军人物,要我们多多向您学习。"

面对销售人员的有意接近,多数客户都会心存戒心,最根本的原因是由于他们对销售人员不熟悉、不信任造成的。其实客户会有这种反应我们也不该感到意外,任何人碰到从未见过面的人,内心深处总是会有一些戒备心，尤其是涉及利益、金钱的时候。然而赞美是一把无形的钥匙，它能在不知不觉中打开客户的心房，让客户自然地接受我们，因此销售人员要活用这三种方法来接近客户。

## ※ 把握好接近客户的时间和时机

有些销售人员认为，接近客户的难题在于把握接近的时机。如果过早接近客户，销售人员的“热情接待”会让客户产生压迫感和反感；而太晚接近，客户又会觉得销售人员“不亲切”，对自己不重视。优秀的销售人员会根据客户的心理来把握接近客户的时机：当客户对产品表示出浓厚的兴趣时，就是销售人员接近客户的最佳时机。

销售人员要依据客户的言谈举止来判断他的心理，一般来说，当客户想主动了解产品的性能、价格时，就是他有购买意向的前兆。这时销售人员接近客户，为其介绍产品，客户不仅不会有任何反感，反而还会很高兴销售人员的帮助。一个优秀的销售人员懂得分析客户的心理，他们会依据时机巧妙接近客户，再加以适当的说明和诱导，最后成功促成交易。如果客户表现出以下几种情况，那么就是适合销售人员接近的最好时机，销售人员一定要把握好。

1.当客户注视某产品时

当客户的注意力集中到某件产品上时，说明他已经对这件产品产生了兴趣，此时销售人员需要去为客户提供咨询和介绍服务。这时的客户是十分乐意销售人员前来帮助他的，也是我们接近客户的一个好时机。

2.客户拿起产品时

一般来说，客户拿起某件产品，就是说明对其产生了兴趣，正在加以确定是不是要购买。此时销售人员可以接近客户，询问他对这件产品的感觉如何，同时夸赞客户的眼光。

3.与客户视线相交

当客户需要销售人员的专业建议时，会四处观望，寻找销售人员。此时，我们应以亲切的态度迎上客户的目光，诚恳、专业地回答客户的提问。可以说，此时客户不会排斥我们的接近，如果引导得当，很容易促成这项交易。

## ※ 选好拜访客户的时间

古语说“一寸光阴一寸金”，在时下这个年代，时间是最平常也是最珍贵的资源。很多时候，销售人员能否顺利地拜访客户全倚赖于能否正确地选择拜访时间。在销售技巧中，拜访时间的选择对销售人员来说也是十分重要的一条。

比如有的客户从事零售业，每天早上进货，回来后进行货物分类、上架，若这个时间有人拜访，他肯定是无暇接见。而到了下午，正是商机，顾客的不断增加使得客户更加忙碌。因此，销售人员要以客户的时间为准绳，在中午或晚饭后再去拜访，才不会让客户反感。

曾有一位销售员到某家超市拜访，他前往数次，那位老板不是避不见面就是告诉他：“现在很忙，请改天再来。”如此一而再、再而三地找各种借口推却。有一天，销售员对老板说道：“老板，不管您多么忙碌，晚上总能抽出时间吧？”老板回答说：“晚上 10 点我有时间。”于是这位销售员便答应晚上再来。到了晚上，那位老板果然没有再找借口推却，也顺利地接受了销售员的建议，于是一桩交易就顺利展开了。

由此可见，如果想获得客户的好感，销售人员千万不能仅以自己的工作方便来考虑，要了解客户的生活规律，选择合适的拜访时间。

## ※ 掌握轻松接近客户的方法

接近客户是销售人员与客户交流的第一步，很多新销售员都苦于没有办法接近客户，这是由于他们采用的方法太过单一，如直接带产品约见客户或在客户不方便的时间去拜访，这些方法基本上收效甚微。优秀的销售人员总是活用以下几种方法，帮助他们轻松地接近客户。

1.方法一:他人引荐法

通过他人的引荐来接近目标客户，这是我们最推崇的方法。这种方法不仅稳妥，而且能够在最短的时间内得到客户的信任，打消他们的顾虑，一般来说，采用这种方法接近客户的成功率要远比陌生拜访高得多。销售人员在去见客户时，要真诚地称赞客户，同时引出引荐人，如:“××先生说您是一个非常有眼光的投资人，因此他介绍我给您送来一份资料，相信您看完一定会有和××先生一样的想法。”

2.方法二:调查接近法。

销售人员可以利用市场调查的机会接近客户，这种方法可以帮销售人员积累广大的客户，还能最深入地了解客户需求，为销售人员提供再次接近客户的理由。

3.方法三:虚心请教法

很多人有一种“好为人师”的特点，即非常乐意帮人解决疑问，销售人员可以利用客户的这种心态，虚心请教客户，询问一些对方擅长回答的问题，以此赢得客户的好感。如:“王老师，您是这行的老专家了，我想就我今天带来的这个产品前景来听听您的意见，请您不吝赐教。”

4.方法四:利用事件法

销售人员可以利用一些事件作为接近客户的方法，比如某些庆典等活动，或者为客户提供免费服务如免费使用咨询等。在使用这种方法时，销售人员要注意，首先以客户的需求为准，同时还要能与我们自身的产品相连，让客户在享受服务中了解了我们的产品，继而产生需求，促成交易。

以上这些接近方法都能帮助我们轻松地接近客户，但销售人员要切记，接近客户的心态是最重要的。如果我们在接近客户时是抱着帮助客户满足需求的心态，而不仅仅是销售产品，那么绝大多数客户肯定能感受到你的诚恳，就会更加欢迎你的接近。

# ※ 选好话题,能拉近与客户的距离

我们经常会听到客户这样评价一个优秀的销售人员:“××销售员业务能力不错,话题也多,跟他交谈很轻松,不像别人那么死缠烂打的。”可见客户十分厌倦与死缠烂打型的销售人员交流,相反,对有很多话题的销售人员充满了热情。

人与人之间加深感情、缩短距离的最好方法就是在交流时能找到彼此都感兴趣的话题,对于初次接近客户的销售人员来说,这点显得尤为重要。轻松的气氛会让客户打消内心防线,从内心开始接受销售人员。因此,一个优秀的销售人员要准备丰富的话题,以备不同的情形,以下话题都可以帮助我们打开客户的内心。

(1)天气冷暖。

(2)社会上的最新消息。

(3)新闻、新奇事物。

(4)衣、食、住、行。

(5)客户喜欢的娱乐、嗜好。

(6)旅行见闻。

(7)双方的家人。

(8)赞对方的话。

总之,销售人员的话题越多,也就越容易与客户取得同感,更加容易得到客户的认同。

同时,一些不宜谈论的话题应避讳不谈。

(1)政治。

(2)关于球赛等分输赢的话题,一定要先了解,后评论。

(3)说竞争对手的坏话。

(4)说上司、同事、邻居、单位的坏话。

(5)说其他客户的秘密。

## ※ 如何在电话中约到客户

电话约访是销售人员接近客户的一种最普遍的方法，因其能免除四处奔波和节省大量人力而备受销售人员钟爱。虽然这种方式是我们高效率接近客户的一种方法，但也会有一些弊端，比如有些比较警戒的客户会质疑销售人员的来历，或者因“没时间”“没兴趣”等理由拒绝销售人员等。面对这种情况，销售人员就要把握与客户通电话的时间，在听觉中给对方一种专业、可靠、真诚的良好印象。

一般人对于陌生电话都会心存怀疑，第一个反应就是询问：“你是谁，为什么给我打电话?”销售人员首先要表明自己的身份，给对方留下一个真诚的印象，否则对方会敷衍几句就挂断电话。一般来说，我们不推荐直截了当地报上自己的公司、职务，这样公事公办的口吻不适合接近初次结识的客户，这种方式不仅让客户感觉生疏，也会让对方有种“他要卖东西给我”的不良感觉。

销售人员在表明自己的身份时，要注重人性化，比如强调自己是客户的某位朋友介绍来的，或者是某位行业前辈指引着来结识的。当有共同认识的人作为中介时，客户会少些戒心，从而也给了销售人员一个继续说下去的机会。

## ※ 电话约访谨记几个要点

用电话约访客户不比当面拜访，如果客户对销售人员提供的信息不满意，就会直接挂断电话。因此一个优秀的销售人员会在接通电话时，利用有效的时间向客户提供些让其感兴趣的信息，以此作为下次再联系的基础。在电话约访中，“效率”是最重要的一点，销售人员要口齿清晰、思路明确地提及自己打电话的目的，确定客户的需求和兴趣，最后得到对方同意面谈的承诺，而要做到这些，就要注意以下一些细节。

1.用声音塑造第一印象

在电话中，客户不能看到销售人员的形象，因此只能通过销售人员说话的声音、语气来判断是否可信。一个口齿不清、说话颠三倒四的销售人员很难得到客户的肯定。因此，销售人员需要注意的第一点就是自己说话的语气要自信、语言简洁、思路明确。

2.语速适中，让客户感觉舒服

有些销售人员在打电话时会不由自主地加快语速，这对我们的电话约访是很不利的。一是语速过快，客户很可能没有听明白你所表达的意思；二是语速过快很容易给客户一种半强迫的感觉，让对方感觉很不舒服。为了解决这个问题，销售人员可以把自己事先要说的内容记录下来，不断提示自己以适中的语速来表达自己的来意，同时间或强调自己并没有强迫客户的意思，这种温和、平缓的态度往往能够赢得客户的好感。

3.多提问、多倾听客户问题

由于电话约访的限定性，销售人员不能通过直接观察客户的表情来推断对方的想法，因此，只能借助“多提问”“多倾听”的小技巧，鼓励客户发表意见，从而得知客户的想法。

4.二选一式提问

在电话约访中，凡是涉及时间、选择等开放性问题，销售人员可采用二选一式提问方式提出。如果销售人员一开始就询问“您是否有时间当面面谈”客户很可能找个理由推脱掉，而“我下周一还是下周二到您办公室”这种二选一式提问，往往能把客户的回复限定在我们期望的回答中。

## ※ 电话约访有技巧

对于善于利用电话约访的销售人员来说，掌握好技巧能让他们节省很多时间、财力，并能更高效地接近客户，引起客户的注意。我们通过以下这个实例，看看在电话约访客户中应该如何使用技巧。

秘书："您好，向阳公司总经理室。"

李文："您好，麻烦让赵经理听电话。"

秘书："请问您是哪位？有预约么？"

李文："麻烦让赵经理听电话。"

秘书："请问您是……"

李文："我是海潮公司业务主管李文，我要和赵经理谈增强文件管理效率的事情。"

秘书："您好，请稍等。"

赵经理："您好，我是赵经理。"

李文："赵经理，您好。我是海潮公司业务主管李文，我公司开发出了一项新技术，能让贵公司在5秒钟内找到任何已存档文件，为您节省大量时间，提高工作效率。"

赵经理："5秒钟？这么快？"

李文："是的。我知道您的时间很宝贵，这样吧，下周一或周三，您哪天方便，我亲自带这项产品来给您试用。"

赵经理："好吧，下周三下午4点，你到我办公室来。"

李文："好的，下周三下午我一定准时拜访您。祝你工作顺利，再见。"

在这个案例中，我们可以看出业务员李文利用了这样几个小技巧，轻松约到了客户赵经理。

1.技巧一：沉着应对秘书的询问

一般而言，销售人员在给客户打电话时，第一个接听电话的都是办公室秘书。此时，我们要用坚定的语气来面对秘书，简短地说明来意，让秘书感觉自己要和客户谈的事情很重要，切忌不要透露太多内容，因为秘书会根据自己的判断回绝一些老板不必要接听的电话。销售人员说得太多难免会有不妥之处，这很可能会让我们前功尽弃。

2.技巧二：简短说明，引起客户兴趣

有些销售人员因为紧张或经验少等原因，在和客户接通电话后马上就在电话中展开长篇大论，阐述自己的产品，殊不知这是最让客户反感的。一般来说，当销售人员接通电话后，应在最短时间内把客户可能会感兴趣的信息、自己产品的优势告知客户。尤其要切记，电话约访的目的只是接近客户，让客户对自己的产品感兴趣，并不是要马上推销。

3.技巧三：确定拜访时间，结束通话

电话约访是适合接近客户的好方法，但却不是销售的好方法。因此，为了避免遭到客户的拒绝，销售人员在引起客户兴趣后应尽快确定与客户见面的时间，并结束通话。一来提高自己的效率，二来也避免客户改变主意。

## ※电话约访客户被拒绝怎么办

无论是哪种接近客户的方法，都有可能遭受客户的拒绝，销售人员要做的，就是时刻准备应对之策。电话约访虽然能够高效率地接近客户、开拓客户，但毕竟不是与客户面对面交流，生疏、不信任感等使得客户很可能在通话过程中就挂断电话。

当客户在电话中否定我们的产品时，销售人员不要急着与客户辩解，反而要先肯定客户的观点，同时赞美对方拥有独特的眼光，然后再提到介绍人对客户的评价，以此来缓解双方的气氛。当客户的情绪好转，不再强硬地反对时，销售人员再把谈话的主题拉回到自己的来意中，用二选一的方式让对方作出选择。一般来说，这个流程是较完美的电话预防拒绝处理方法，每一个销售人员都要熟记于心。同时，对以下几个常见的客户拒绝理由也要有应对之策。

1.应对“没兴趣”

可以这样说：是的，介绍人刘先生也说您不会对不了解的事物感兴趣。他常常在我面前夸奖您是一个有远见卓识、擅长接受新鲜事物的人，因此您一定不会盲目拒绝了解一个新鲜事物的机会。如果给我一点时间，我会让您喜欢上我的产品。您是明天还是后天有时间呢？

2.应对“没时间”

可以这样说：这个我了解，介绍人特意叮嘱我，说您现在正忙于事业，平时时间都安排得很紧凑，要不我提前跟您打个电话预约一下。您放心，我不会占用您过多的时间，只要 20 分钟，我会带给您一个惊喜。您看你是明天还是后天方便呢？

3.应对“那你把资料寄给我好了”

可以这样说：看看资料确实有利于您对我们产品的了解，但是您的时间宝贵，所以如果让我先跟你讲一下，再把资料留给你的话，可以节省你更多的时间，也更加有效率。您放心，我不会超过 20 分钟的。不知道您是星期三晚上还是星期四晚上方便呢？

## ※ 提高电子邮件销售效果的方法

大量使用电子邮件也会存在一定的风险，例如有些客户会对收到大量带有营销目的的邮件产生反感，然后直接把邮件删除。如果销售人员的电子邮件被客户当做垃圾邮件删除，那么就失去了接近客户的机会，因此，销售人员采用多种手段来提高电子邮件的销售效果就变得势在必行。

1.方法一：细分客户

盲目群发邮件是很多销售人常用的方法，虽然简单省事但收效却不大。要想让自己的电子邮件产生更大的效用，销售人员需要进行一项准备，即客户细分。浏览客户邮箱地址及用户名，根据客户邮箱的特性，采取针对性的服务。如有的客户会使用自己的公司邮箱，我们可以借此知道客户所在的行业及其特点，以此调整自己的邮件内容；有的邮箱用户名可以大体体现行业特性，若是同类公司，销售人员也可将其略去，从而大大提高自己的效率。

2.方法二：提供有价值的信息

一直以来，客户只会对有价值的信息感兴趣，对没有任何意义的信息嗤之以鼻，因此，销售人员的电子邮件要在最显眼的地方提供给客户他们希望得到的信息。当然这些信息并不是简单的推销，还要细致入微地为客户剖析产品给客户带来的好处，以此吸引客户，从而创造巨大的商业价值。

3.方法三：重视客户反馈

销售人员要重视电子邮件回馈信息，因为这表示他们已经对我们的产品产生了兴趣，所以才会提出问题，进行反馈，很有可能其中的某些人便是最有价值的用户，我们一定要把握住。

## ※ 接近客户方式之上门拜访

根据销售产品种类的不同，销售人员接近客户的方式也有所不同，最直接、给客户印象最深刻的莫过于上门拜访。这是一种有计划性的拜访，销售人员事先已经明确了自己即将拜访客户的资料，因此可以做好万全准备。一般来说，这种拜访的成功率很大，销售人员务必要严格要求自己，尤其需要注意以下几个方面。

1.称呼客户的名字

销售员在面对客户时，若能流利、不断地以尊重的方式称呼客户的名字，就会很自然地打消双方的陌生感，得到客户的好感。

2.得体的礼仪

礼貌表示着对对方的尊重，得体的礼仪能为销售人员赢得客户的好印象。交换名片、握手等都是必要的礼仪，销售人员尤其要注意。当我们拿到客户名片时要轻轻地念出对方的名字，以让对方确认无误。握手在大多数场合都是合适的，但要掌握正确的方法。在可能需要握手的场合中，为了避免出现尴尬的局面，销售人员可以保持右手臂微曲放在体侧，以便当对方伸手时能迅速反应。

3.为客户解难

销售员在与客户见面前，最好能事先知道客户面临着哪些问题，有哪些不利因素在困扰着他。销售员如能站在客户的立场，以关切的态度表达对客户的关心，让客户能感受到你愿意与他共同解决问题，必定会赢得客户的好感，双方的交谈也会顺利得多。

## ※ 接近客户方式之陌生拜访

不了解任何客户资料就主动面对客户的拜访方式被销售人员称作“陌生拜访”。陌生拜访的主要目的是开发客户，具有方法简便、客户群广泛的特点。销售人员在与陌生客户交谈时，会想方设法收集客户的资料，了解客户的需求，最后根据客户的购买欲及购买力来判断是否能够成为潜客户，再决定下一步对策。

陌生拜访是主动接近客户最好的方法，但也是最费时费力的方法。同时，由于销售人员事先未约定时间，很可能得不到太多客户的约见。但陌生拜访能带给销售人员提供很多资料，比如判定客户的需求，了解客户的购买力情况，了解市场大趋势等。陌生拜访的好处虽然多，但却被一些销售人员束之高阁，极少使用，原因是突然拜访容易招致客户的拒绝，打击销售人员的自信心。

有经验的销售人员可以通过陌生拜访的方式来判断自己的客户是否有购买能力，对自己的产品是否表示出疑虑，对自己是否有好的印象等。经由这些过程及判断后，再将客户分成准客户和潜客户两种，进行后续追踪跟进或维护。

# 第9章

# 始终把话说到客户心坎上，用心沟通才能说服客户购买

“能否有效地与客户沟通，决定了销售的成败”，这是成功的销售人员总结出的法则，如果每一个销售人员都能精通这些与客户沟通的技巧，势必为自己的工作带来莫大的帮助。

## ※ 真诚说话，感染你的客户

当客户被你的真诚打动时，才能感到安全，才能信任你。销售人员要实实在在地与客户谈生意，让他知道你绝不会欺骗他们，这是每个销售人员与客户沟通时的一个重要技巧。

做销售先从做人开始，真诚是决定一个销售人员做事是否成功的基本要求。真诚地对待每一位客户，认真地做好每一件自己应该做的事，客户才会尊重你，把你当做朋友来信任。当客户遇到困难需要我们帮助时，销售人员不要置身事外，要把客户的事情当做自己的事一样上心，积极帮助客户出谋划策，分忧解难，以自己的实际行动来帮助客户走出困境。只有用真诚的心来对待客户，客户才会尽心尽力地支持你的工作。

有的时候，即使是最专业的销售员也不可能回答客户所有的问题，遇到这种情况，你可以真诚地说："对不起，你问的问题非常专业，我现在还无法准确回答你，我可以问一下专门负责这方面的人。"这种坦率的回答体现了销售人员的诚恳，这比说谎，敷衍客户要好得多。

## ※ 用眼神赢得客户好感

销售人员的眼神是和客户沟通的第一扇窗，客户透过你的眼神就能看到你的素质和修养。眼神还可以表达多方面的信息，比如说心情如何，说话是否诚实等。当销售人员与客户沟通时，眼神可以让客户看到我们的真诚，并赢得客户的好感。

让你的眼睛一直盯着一件东西看，对有些人来说有点困难。但是，如果销售人员正在努力赢得客户的好感，并且想表示自己所说的话很认真，这就显得很重要了。客户对销售人员说话时，销售员要正视对方的眼睛；客户发表意见时，销售员的身体和脸要正对着他，微笑着听他讲话，这会给客户莫大的尊重感,他会认为自己的话受到了重视。

用眼神和别人沟通,不仅表明销售人员很自信,同时也表示销售人员对客户很尊敬,这是获得客户好感的一个小技巧。当销售人员向客户介绍产品时,眼神中透射出的热情、坦诚和执著往往比口头说明更能让客户信服。在用眼神与客户交流时,销售人员要力求使自己的目光表现得更真诚、更热情,这样能得到客户更多的好感。要想做到这一点,销售人员需要注重以下几点。

(1)销售人员与客户对视时,要勇敢地迎接客户的目光,不论客户的目光是肯定还是不满,你坦诚的目光会让客户感觉到你的礼貌和友好。

(2)销售人员在正视时,还要注意把握一个度。若注视的时间过长,会让客户感到不适,太短又会觉得你对他不重视。

(3)炯炯有神的双眼可以向客户传递销售人员的热情和执著,假如销售人员两眼空洞无神,就会给客户留下心不在焉的印象,客户就不会信任你。

## ※ 用微笑化解客户的陌生感

有的客户会在一开始就对销售人员保持戒备,因此,从面对客户的那一刻起,一个合格的销售人员就应知道要时刻保持一张微笑的脸。因为微笑有一种力量,它可以帮销售人员拉近与客户的距离,也能创造巨大的社会效益。真诚的微笑、友善的目光及大方的举止自然地融为一体,又体现出销售人员乐于为客户服务的魅力,自然能在无形中化解掉客户的陌生感。在如今竞争激烈的市场中,销售人员要想使自己占有一席之地,优质的服务是至关重要的,而微笑服务又是关键中的关键。

销售人员要保持好自己良好的心态,用微笑让客户感觉到你的热情,继而产生对我们的信任,这就是微笑服务的妙用。真心地服务于客户,销售人员的微笑才会自然而甜美。事实证明:没有任何一项技巧比得上微笑这么简单易行却又行之久远。微笑有一种无形的魅力,它可以让客户感受到销售人员的诚心和善意,使其产生宾至如归的感觉。

## ※ 肢体也能向客户传递信息

“肢体语言”是口头交流之外的又一种沟通方式，销售人员可以借助肢体、表情和微笑的配合，让客户感到我们的真诚和可信。试想，如果销售人员只是干巴巴地向客户讲解产品，那么客户除了厌倦，不会对我们的产品产生什么好印象。

销售人员在同客户沟通时，可以用肢体语言传递很多信息。当客户正在发表他的看法时，销售人员身体微微前倾，挂着微笑并不住地点头，虽然你没有说话，客户仍会感觉你对他的观点是支持和认同的，从而也会对你心生好感。相反，如果销售人员在客户说话时，低头玩弄自己的物品，或左右环视，眼神游移不定，那么客户已经在心中判定这个人不可信，那么定然不会与你做生意。

肢体语言是销售人员与客户沟通的一种工具，既有助于我们能更准确地把握客户心理，也有助于我们有意识地引起客户的重视。比如当销售人员向客户介绍产品时，客户双手紧紧抱在胸前，这表示他对销售人员的推销具有防范心理，这时我们就要考虑是什么让客户如此不放心；若我们在聆听客户谈话时，身体前倾，双脚平放，这经常会使客户感到被尊重，他会感受到销售人员传递来的善意和真诚。

## ※ 细心观察，洞察客户的心思

有经验的销售人员有一项过人的沟通本领，他们能从客户的小动作中感受到他的情绪的变化，不问即知客户的用意，并提供适当的服务，这让客户感到十分的舒心。这项技巧要求销售人员能够用一双善于观察的眼睛，正确接收到客户无声的信息，同时也要时刻以积极、关注的态度去关注客户。下面就让我们一起看看客户的小动作都代表了什么用意。

1.头部动作传递的信息

头部上扬,传递沉思、希望、骄傲的信息;头部向前,传递关注、关心、倾听、同情的信息;头部向下,传递思考、回忆、回味、悲伤的信息;头部向后,传递惊奇、惊讶、迟疑、恐惧的信息;点头,传递答应、同意、赞许、理解的信息;摇头,传递否定、不认同的信息;摆头,传递快走、跟上的信息;脸红,传递羞涩、激动、不好意思的信息;皱眉,传递怀疑、烦、碰到问题、生气的信息;扬眉,传递高兴、激动、兴奋的信息;脸白、脸发青,传递生气、恐惧、受惊吓、愤怒的信息;眉毛闪动,传递欢迎、强调语气的信息;眉毛上扬后短暂停留再降下,传递惊讶、失望、悲伤的信息。

2.眼神传递的信息

瞳孔放大,传递兴奋、欣喜的信息;瞳孔缩小,传递反感、厌恶的信息;正视,传递庄重、镇定、关注的信息;仰视,传递思索、控制感情的信息;斜视,传递偷看、轻蔑的信息;俯视,传递伤感、羞涩的信息;飘忽不定,传递心神不定、注意力分散的信息。

3.手传递的信息

手掌向上,传递坦诚、善意、恳求的信息;手掌向下,传递肯定、抑制、强调语气的信息;抬手,传递引起对方注意,自己将要表达什么的信息;伸手,传递想要某种东西的信息;推手,传递对抗、抗拒的信息;握拳,传递决心、愤怒、挑战的信息;十指指尖轻轻合拢,传递镇定、自信的信息;手指敲击物体,传递不耐烦、加速思考、心神不定的信息。

4.四肢传递的信息

用手揉或轻拱鼻子,表示困惑、疑虑;拳头放在上嘴唇,表示在思考;手拍前额,表示忘事;拍脑袋,表示恍然大悟;双臂紧紧交叉、双手紧握,传递防御、敌对的信息;两脚扭在一起,表示寻求安全感。

现实中客户往往不会轻易说出他们的感受,所以销售人员只有善于观察,长期积累,才能察言观色,显示对客户的关注,不问即知客户的需求,让客户得到满意的服务。

## ※ 分清客户拒绝是真心还是借口

客户的拒绝在销售人员每天的工作中都是要不得不面对的，“拒绝”是客户习惯性的动作，除非他已经深信不疑地认定这个产品，否则是不会非常痛快地购买的。然而有些时候客户的拒绝也并不是真的拒绝这个产品，他们只是在犹豫，在等待一个能说服自己购买的理由。因此，销售人员唯有分清客户是真心拒绝还是找借口拒绝，才能真正挖掘出商机。

大多数客户不好意思直截了当地拒绝销售人员的热情，因此他们会找很多借口，比如“我要考虑考虑”“我得和人商量一下”“现在生意不好做”“你们的价位太高了”等，实际上，这些拒绝并非客户的真心想法。销售人员要想与客户做有效的沟通，就要在第一时间找出客户拒绝我们的真正理由，然后才能改变客户的想法，让他变拒绝为成交。

判别客户是真的反对还是找借口的方法之一，就是让客户把话说清楚。无论如何，销售人员一开始要先赞成客户的观点，从而不致引起争论。如果销售人员相信那是借口，就必须要让客户把真正的反对理由说出来，否则，销售人员是无法继续下去的。

另外，销售人员可以把自己之前问过的问题，换个方式再重新问一遍。如“换句话，要是我们更改设置，您就会合作了，是吗?”从这些小技巧中，销售人员可以看出客户内心真正反对的是什么，只有了解了客户的心思，销售人员才能展开接下来的工作。

## ※ 让客户感到被重视

销售界有一句名言，“客户是上帝”，这是因为客户是感性的，只有他觉得销售人员的服务让他很满意，自己受到了重视时，才能顺利地与销售人员达成交易。所以销售人员在与客户沟通时，要时时注意让对方感到被当做上帝一样被重视，这才能促成我们的工作。

安晓拥有十分娴熟的业务技能、丰富的产品知识、敬业的工作态度，可是，安晓遇到了一个难题。

在销售工作中，安晓与和客户“摆事实，讲道理”，客户都表示接受，对他的讲解也并不反感，但最后却没有成交，这让安晓十分困惑。安晓向客户请教时，客户意味深长地看着他回答说：说不上来。

安晓的问题在于，他仅仅把“与客户的沟通”停留在公事公办的层面，忽视了真正有影响力的沟通方式——感性沟通。

通过自身检视，安晓发现自己在销售时一心只想让客户尽快购买自己的产品，没有站在客户的角度去想问题，甚至在客户提问时，自己会有些心不在焉，一心只想用专业的术语说服客户。客户的问题得不到关注，就感觉自己没有受到重视，信任感不能建立，当然更无法谈及成交。

通过安晓的例子，销售人员要分析自己在工作时是不是也曾犯过类似的错误。销售人员要时刻记住，客户是上帝，重视上帝才能让我们的工作有起色。

## ※ 让客户多说话

一日，小刘按照预约的时间去见客户，看到一人正悠闲地坐在办公椅上看报纸。小刘急忙上前打招呼，然后不等那人说什么就连珠炮似的介绍自己的产品，口若悬河，唾沫星子满天飞。那人几次想打断他的话，但是小刘讲话节奏快，那人无从插话。小刘足足讲了有10分钟才停下来，期待着客户的回复。谁知这位“客户”却说，他不是小刘要拜访的客户，真正的客户出去办事了，他是他的朋友，在这里等他回来。小刘连说几声“对不起”，然后卷起他的产品广告宣传资料，无地自容地逃之夭夭了。

很多销售人员都有和小刘一样的坏习惯，他们为了缓解自己紧张的情绪，往往不管客户是否听明白就滔滔不绝的大说、特说，有时甚至让客户都无从插嘴，这是错误的沟通方式。

真正让客户感到轻松自在的销售过程，销售人员应该少说多听，让客户发表自己的想法，这样比较容易形成良好的交流氛围，也有助于销售人员挖掘客户的真正需求。

## ※ 学会用心倾听

倾听，是销售人员与客户沟通的好方法，对销售而言，倾听比倾诉更重要。

如果你想要成为销售界的精英，那么就一定要在倾听方面下工夫。客户总是不开口，那么生意肯定做不成。但如果销售人员没有专心地倾听，同样也不能成功。销售人员与客户谈话时，如果只是摆出倾听客户谈话的样子，内心却一直在等待机会，想要尽快与客户达成交易，即使在听客户讲话，却听不出客户的意图，听不出客户的期望，这是失败的销售。同样，当销售人员在听客户谈话时，如果一直是一副毫无反应的样子，那么客户不知道你是否听明白他的意思，这种沟通也是失败的。有一些简单的小技巧，可以向客户表明你在用心倾听。

(1)倾听时，时刻看着客户的眼睛，等客户把话全部讲完再发表自己的意见，中间不插话。这表明销售人员很看重沟通的内容，体现了对客户的尊重。当客户说出一些销售人员很赞同的观点时，可以用点头或微笑来表示自己与客户意见相合。客户很需要这种动作，这会给他一种满足感。

(2)销售人员不要把利益摆在首位，在与客户沟通时，多站在客户的角度去思考，仔细倾听客户所说的每一句话，不要用自己的价值观去指责或评断客户的想法。如果销售人员在客户说话时，左顾右盼，不停地看看表，翻翻手头的资料什么的，那么这笔生意必然泡汤。

## ※ 让客户有优越感

小王和小李两个人一同出去推销自己公司的同一种产品，他们先后都到过李经理那里推销过。小王进门之后就开始滔滔不绝地向李经理介绍自己的产品多么、多么好，如何、如何地适合他，他不购买就等于吃亏等。这样的话不仅没有引起李经理的兴趣，反而让他很反感，于是他很不客气地拒绝了小王。

而小李来见李经理时，他并没有直接介绍自己的产品，而是很有礼貌地先说抱歉、打扰，然后又感谢李经理百忙之中会见自己，还说了一些赞美的话，而对自己的产品却只是简单地介绍了一下。最后，他还是很诚恳地对李经理说："谢谢李经理，虽然我知道我们的产品是绝对适合您的，可惜我能力太差，无法说服您。我认输了，我想我应该告辞了。不过，在告辞之前，想请李经理指出我的不足，以便让我有一个改进的机会好吗？谢谢您了！"

这时，李经理的态度突然变得很友好、很和善。他站起来拍拍小李的肩膀笑着说："你不要急着走，哈哈！我已经决定要买你的产品了。"

为什么小王前来推销会被轰出去，而小李却能够成交，这就是一个满足客户心理需求的问题。小王只是滔滔不绝地介绍自己的产品，而忽略了对客户起码的尊重和感谢。而小李却始终对李经理很恭敬，特别是自己最后临走时，还请求客户指教，这让李经理感受到了足够的重视，从而从情感上对小李也有了认同，自然也就促成了这笔交易。

## ※ 把握好待客的热度

很多客户在购物时，都希望在自己需要了解具体信息时，销售人员再出现为自己介绍产品，而不喜欢那些寸步不离，"过分热情"的销售人员。那样，会给客户一种无形的压力，让他感觉到心烦，从而打消购物的念头。优秀的销售人员应该给客户留下一点空间，让客户在没有压力的环境下自由选购商品，当客户需要帮助时再上前。

陈小姐说，前两天她在逛街时遇到了令人心烦的一幕。她刚走进一家装修还很不错的小店铺，就被一个女售货员盯上，还没等她看货架上的商品，这位女售货员就不停地说开了。首先问："小姐你是想买面霜还是洗面奶，还是晚霜、粉底液，我们这里应有尽有。"一连串的热情导购语让陈小姐烦死了。还没等陈小姐开口，那位又说开了："小姐，我看你的脸色很适合买这款美白霜，你只要买下来，保证你可以青春靓丽，比现在看起来更年轻。"那位销售人员的热情，让陈小姐透不过气来。她本想进到店中看看里面的产品及价格，如果合适的话，准备买上一两件，由于那位销售小姐的过分热情让她没办法再看下去了，只有夺门而出。

如果一个客户进店来，一个礼貌的问候声都没有，会让客户感到被冷落，这是不礼貌的，但过分热情的推销产品给客户，也是令人吃不消的。销售人员应该提升自己的沟通技巧，适时适度，从客户的实际需要出发，不要过分冷漠，也不要过分热情，大方得体就好。

## ※ 耐心沟通，最终能打动客户

小张和小王是某电器公司的两位销售员，他们分别负责接待两位大客户。一开始在办公室谈生意时，小张和小王都表现得让两位客户很满意。于是小张和小王分别带两位客户去厂房参观。小张的客户不断地问很多技术性问题，小张一开始还能够礼貌地回答，后来耐不住客户的一再追问，不禁有些心急，脱口而出："这个您就不要再问了，跟您说您也不会懂。我们的产品绝对没有问题。"客户听了没有说什么，只是离开后就再也没有和小张联系过。小王的客户也是不停地问来问去，甚至有的问题没有什么专业性，但小王始终耐心地为客户解释。客户回去后，还是经常给小王打电话，提出各种各样的问题，但始终没有谈过订单的事情。老总找小王谈话说："小王，这个客户你就不要跟了，看对方这么麻烦应该不会购买了，时间浪费在他那里还不如多谈几个工程项目。”小王则回答：“没什么，就只当听取客户的意见，一些地方如果能改进的话对我们公司产品也有好处。”就这样，小王继续耐心地和客户沟通，最后这个令老总认为不会订单的客户竟给小王下了200万元的大订单。

客户作为买家，每一次的询问都是出于自身的考量，当然他们没有销售人员专业，有的问题也许在我们看来十分幼稚或无理。但是如果销售人员不能缺乏耐心，那么就会失去这个客户。毕竟只有当客户有购买欲望时才会不停地提问，销售人员要磨炼自己的耐性，不停地与客户沟通，这样才能得到订单。

## ※ 记住客户的名字，让客户感受到重视

每个人都渴望被自己能够被他人尊重，因此，当一个销售人员能够记住客户的名字，无疑就会给客户一种受尊重的感觉，因为客户会从这个细节中感受到销售人员对自己的重视。因此，在销售过程中，记住客户的名字而且能很轻易就叫出来，就等于是给客户一个巧妙而有效的赞美，很容易让客户对销售人员产生好感。

“您好，您是……”推销员李明一边说着，一边友善而爽快地伸出手来。这样一来，面对他的女秘书也不好意思不报出自己的名字：“我是刘经理的秘书文欣。”女秘书一边回答，一边跟推销员握手，“我有什么地方可以帮你吗？”

“是啊，您一定能帮得上忙。文欣小姐。”年轻的推销员李明重复了秘书的名字，轻快地说道：“总公司刚刚派我接管这个地区的业务，我想勤快一些，亲自拜访所有顾客。虽然今天早上我没有先约好时间，但是，如果您能让刘经理抽出一点儿时间来，我保证不会逗留太久，不会耽误刘经理其他的事情。”

我们来看看推销员李明的高明之处在哪里。一开始的时候，他就先听

好对方的名字，这是每一个推销员所需要学习的，然后又重复说出对方的名字，加强对方名字的重要性，让对方感到被尊重。然后推销员李明又说"是啊，您一定能帮得上忙"，这样一来，就以很微妙的方法让女秘书文欣负起责任。因为女秘书本来就是问，有没有什么地方可以帮上忙。于是，李明在不动声色之中就把女秘书争取到他这一方，最起码不会拒绝他。

名字在用的时候会有很奇妙的作用，销售人员要想生意做得很好，要想用言谈使客户打开心扉，最简单的方法就是记住客户的名字，并用名字称呼客户，这是沟通的一条捷径。

由于销售人员每天都要与许多的客户打交道，快速地记住客户的姓名就已经演变成销售人员的一种特殊技能。它不仅是一种感情投资，还会在我们的销售过程中起到意想不到的效果。

许多销售人员都有过这样的经历，客户刚介绍完自己，但一转眼我们就忘了人家叫什么名字了，等下回再见面时又不好意思再问人家叫什么。相反，如果第二次见到客户时我们能够亲切地叫着他的名字向对方问候，那么对方会又惊又喜，觉得你很重视他，自然会对你产生好感。然而虽然很多销售人员已经意识到了记住人名的好处，但却总感觉记不住，这就需要参考以下几种方法来有效地记住客户的名字。

1.问清楚正确的名字

客户会很乐意听到你提出如下的问题："可否请你再说一遍你的名字？""你的名字怎么写？""你的名字我叫得对不对？"记住，别人的名字永远是最好听的，销售人员不要不好意思问清楚别人的名字。

2.重复念三次客户的名字

当销售人员第一次听到客户的名字时，马上重复念三次，以便加深印象，然后尽可能将它和自己熟悉的影像或事物联想在一起，这样能加深印象，帮助你记住客户的名字。

3.多写几遍名字

每天要睡觉之前，销售人员不妨将今天你所遇见的新面孔的名字写下来，最好为自己所认识的客户建一个档案，然后将名字分类记在档案上。这样，在你要去见客户之前，先快速复习一下他的名字、习惯、爱好，这么一来，你当然会渐渐熟悉这个人，进而容易记得他的名字。

## ※ 晓之以理，说服客户

从某种程度来讲，与客户的沟通就是一种说服。所谓说服，就是通过向客户阐明道理，使之接受并购买的一种行为。销售人员要想获得客户的注意，就得在沟通过程中不断阐述自家产品的卖点，当客户看到销售人员展现出的产品中有自己可以利用的价值时，他会产生认同感，进而会进一步产生购买兴趣。

在初次与客户沟通时，我们工作的重点是发现、了解客户的需要，为客户提出建设性意见，并引导客户继续沟通。然而这还不够，客户是否信服你的观点，还需要一个过渡，因此销售人员在说服客户的过程中，尤其要注意运用“晓之以理”的原则。

1.原则一：理清说服思路

在说服客户时，销售人员要有理有据地阐述自己产品的卖点，不能东提一句，西说一句。整个过程销售人员要用客户能够理解的语言和道理来说明。

2.原则二：旁征博引证明

在销售过程中，数字往往有很神奇的魅力，当客户对销售人员所说的成绩表示怀疑时，销售人员可以用大量的事实来佐证，如提供历年的销售业绩报表、产品销售量业绩表等，这些真实的数据往往最有说服力。

3.原则三：语言简单明了

说服客户的过程中，销售人员只要言简意赅地讲述出事实道理就好，客户内心自有评断，千万不要重复述说，这只会让客户厌烦，达不到说服的目的。

## ※ 展现足够大的利益，吸引客户

众所周知，没有利益驱使的销售是不完美的，尤其是对还未下定决心购买的客户，销售人员必须以足够的来利益吸引他，说服客户购买。然而怎样让客户对我们所提供的利益动心，这就需要销售人员在说服过程中掌握“诱之以利”的节奏。

1.节奏一：先谈利益

对客户来说，他关注的并不仅仅是产品的质量、企业的荣誉，对他来说，自己能从中得到的利益才是最关键的问题。一般来说，销售人员在与客户沟通时，先谈客户能在这次交易中得到的利益，重点强调客户所能得到的好处，这会在一开始就抓住客户的心。

2.节奏二：全面说明

在销售过程中，一开始以利益吸引客户的注意力是一个屡试不爽的好办法，但不是说只靠这一个办法就能拿下客户。在介绍客户利益之后，销售人员还要从产品的价格、质量、售后等方面来全面说明，让客户感到自己能得到的不仅是眼前的利益，还有长远利益，这也为销售人员后面的工作做了铺垫。

3.节奏三：客观强调

在对客户“诱之以利”的过程中，销售人员要做到实事求是，不要为了签单而盲目许给客户自己不能实践的利益。如果客户得不到销售人员许诺的利益，那会为我们之后的工作带来很大的麻烦。同时，销售人员要客观、公正地强调自己所能提供的利益，给客户带来信任感和安全感。

# 第10章

# 有的放矢，销售中的目标与计划如何执行到位

销售目标就像是商海中一座明亮的灯塔，时刻指引自己向既定的目标前进，不会迷失自我。如果销售人员能够严格要求自己，努力将自己的计划做到位，那么就会逐渐地缩短自己与目标之间的距离，尽快实现自己的宏伟蓝图。

## ※ 销售目标让你不断进取

在销售行业中，金牌销售人员往往拥有不同于他人的特质，这些特质使得他们取得骄人的工作成绩，在激烈竞争的商海中立于不败之地。究其原因，是因为他们拥有明确的目标，果断的执行力和出众的思考力。有些销售人员每天也忙忙碌碌、起早贪黑地辛苦工作着，不停地拜访客户，但却得不到多少回报。他们迷茫，不知道自己接下来要做什么。发生这种情况，是因为这些销售人员从没有为自己确立过一个切实可行的目标，更不知道自己为什么要确立目标。

社会飞速发展，每个行业都不断涌出大量精英人才，供不应求的时代已经过去了，竞争对手越来越多，市场份额越来越小，这个时候我们若还是本着“顺其自然”的心态面对销售，那么只能以失败告终。真正的智者从不会做没有准备的事情，优秀的销售人员也不会对自己的工作没有任何规划。我们需要一个目标，可以在迷茫时激励我们，指引我们。

销售人员为自己确立一个明确的目标，可以让自己时刻看清自己与目标的距离，由此产生积极的心态而更加自信，更加努力地工作。同时也能帮助销售人员分析自己、剖析自己，分清工作的轻重缓急，更加有针对性、有重点地去安排自己的时间，更加自信地把握自己。目标能使人完善，一个有目标的人才能在自己的工作、生活上走得更远。每一个销售人员都要为自己繁忙的工作理一个头绪，确立一个目标，使自己永不停步，更加充满工作激情。

## ※ 让销售目的督促你前进

销售是一个充满了机遇和挑战的行业，销售人员要想做好，首先就要明确地给自己树立一个目标。如果没有目标，无疑就没有了奋斗的方向，不知自己该拜访哪位客户,不知自己下一步该如何去做。只有当销售人员为自己找准了目标,才能勇往直前地去拼搏努力,才能不被眼前的困难和挫折打倒。

有些销售人员没有明确的目标,因此工作效率一直不高。当你问他为了什么而做这份工作时,多数会得到"为了生计"这样的答案。若再继续追问:"你有没有为三年后的自己树立个目标?"这些早已迷失方向的人,无一例外都会摇头。反观那些目标明确的销售人员,他们或迟或早都会出人头地,因为他们心中始终怀有一个坚定的目标。日本保险推销之神原一平,为了成就自己的事业,坚持每天访问15位准客户,风雨无阻;世界上最伟大的销售员乔·吉拉德,给自己定下的目标是每天拜访30个客户,绝无例外。正是这种目标的激励,使得他们为自己勾画了一张宏伟的蓝图,并最终实现自己的目标,成为当之无愧的销售界顶尖人物。

要想成为成功的销售精英,销售人员首先必须有明确的目标,当销售人员知道为何而努力时,才会有具体的销售计划和莫大的责任感,他的工作才是积极的、主动的。如果没有目标,那么销售工作便无从下手,成功也就无从谈起。

## ※ 销售计划的第一步是制定销售目标

关于目标,有这样一个故事可以给我们警示。

有三只猎狗追一只田鼠,田鼠拼命钻进了一个树洞,然而这个树洞只有一个出口,于是这三只猎狗就一直在洞口守着。可是可不一会儿,竟然从树洞里钻出来一只小猪,小猪飞快地向前跑,并爬上一棵大树,但是仓皇中没站稳,从树上掉了下来,正好砸晕了守在洞门口的三只猎狗,最后,小猪终于逃脱了。

关于这个故事,很多听过的人都有疑问,有人说猪不会爬树,有人说小猪怎么能跑得过猎狗,还有人质疑其他,却没有人想过猎狗一开始追的田鼠到哪里去了。很多人都被之后冒出来的小猪分散了心神,无暇去关注猎狗一开始的目标明明是田鼠。

任何一个顶尖的销售人员他们的内心都有一个明确的目标，这个目标是他们心中的指路明灯。当我们在销售工作中奋力拼搏时，难免会被一些琐事分散精力，以致走上岔路。如果迷失了目标，那么销售人员就如同一艘没有航向的船，最终的结果就是失败。人与人之间根本差别并不是天赋、机遇，而在于有无目标，没有目标的人比达不到目标的人更可悲。其实成功，不过就是销售人员费劲千辛万苦去实现自己定下的目标，所以，成功的第一步就从设立目标开始。

确立了正确目标的销售人员，在与他人竞争时就已经赢了一半，确立目标是成功的起点，销售人员必须认识"确立目标"的重要性，锁定目标，全力以赴，这样成功才不会遥远。

## ※ 做好销售计划，为实现目标铺路

销售人员确立一个明确的目标是为了使自己的资源得到最大限度的合理利用，比如根据自己的月销售目标来安排自己的时间、客户资源等，这样不仅能避免无谓的资源浪费，还能更好地规划自己的工作，使自己获得最大的便利。目标作为销售人员的精神支柱，能够为我们增强信心，使我们看到自己每天都在向既定的目标前进，这样我们的工作也变得更加效率。与目标这个精神支柱相比，销售计划的制订就相当于是实现目标的一个路径，销售人员更注重它的实用性。

销售计划是销售人员工作内容的一个大纲，它包含了一个有效、可行的工作计划，可以按照我们之前设立的目标分配我们手中的工作和资源，指引我们更加高效地工作。可以说，按照我们设定好的销售计划，销售人员可以规范自己联系现有客户和吸引新客户的方法，还可以帮助我们确定自己的目标客户类型，以及如何跟踪结果，从而提高自己的业务能力和工作效率。制订一个切实可行的销售计划，销售人员工作就成功了一半。

# ※ 利用 SMART 原则制定目标

每个人都有过制定目标的经历，制定目标看似简单，其实却包含了很多不可控的因素。鉴于目标对我们销售工作的重要性，销售人员在制订时，要充分利用 SMART 原则，严谨、科学地制订出适合自己发展的目标。

1.SMART 原则一：S(Specific)——明确性

销售人员要想在销售领域有所建树，就应该在工作中尽可能地把精力集中到销售目标上，因此设立一个明确的目标就显得格为重要。销售人员必须弄清楚的一个事实是：我们是为了实现销售目标而工作的，并不是为了工作而工作。当目标明确时，销售人员之后的每个行动都应该围绕着我们制订的目标而展开，而不是为了敷衍工作。

2.SMART 原则二：M(Measurable)——衡量性

所谓“衡量性”就是要销售人员为自己界定一个明确的、可以衡量的目标，比如“日均拜访客户数量”或“月均销售业绩达到多少”等。没有明确衡量标准的目标是没有意义的，很多人事业不成功的重要原因就是因为自己无法衡量自己是否达到了自己的目标。因此制定目标时，销售人员要用具体的语言清楚地说明自己要达成的目标标准。

3.SMART 原则三：A(Attainable)——可实现性

销售人员制订的目标不能太过简单，也不可太过艰难，以满足“可实现性”为准。因此在制定目标前，销售人员要对自己的能力、资源和市场形势有准确的把握，最后制定出一个需要自己努力才能实现的目标。这样的目标有了挑战性，我们在工作中才能产生动力，实现目标时才会产生与之相配的满足感。

4.SMART 原则四：R(Relevant)——相关性

目标的相关性是指实现此目标与其他目标的关联情况，如果实现了这个目标，但对其他的目标完全不相关，或者相关度很低，那这个目标即使被达到了，意义也不是很大。因此在设定销售目标时，销售人员要对现实情况做好分析，把那些能够影响市场、影响销售成功的因素都设定为我们的目标，这样才能达到我们的最终目的。

5.SMART 原则五：T(Time-based)——时限性

目标特性的时限性就是指目标是有时间限制的，没有时间限制的目标无法经受考验，它会不知不觉成为一个没有任何意义的摆设，起不到任何督促作用。当我们制订的目标具有明确的实效性时，销售人员的潜力才能完全被激发，这才能间接促使我们的目标得到实现。

销售人员制订自己的销售目标必须符合上述原则，五个原则缺一不可，这样制订出来的目标才有实际意义。

## ※ 多个目标提升销售自信心

对销售行业来说，销售业绩无疑处于最重要的核心地位，然而销售人员在制定目标时却要注意，业绩并不是唯一的因素。事实上，辅助销售量增长的因素有好几个，它们之间的关系错综复杂。因此，销售人员应为自己制订多个目标，一方面给自己更大的发展空间，增加自己的信心；另一方面也给自己留有余地。

一般来说，辅助销售量增长的几个因素包括：销售业绩、客户资源、客户资料、开发客户等。其中，销售业绩作为主要目标，应得到很大的重视，其他目标正好满足 SMART 原则中的 Relevant 原则，即相关性原则，起到辅助主要目标的作用。

销售是一个长期过程，而业绩并不是唯一界定销售人员能力的标准，通过短期的拜访就要求销售人员拿回订单，这并不现实。很多优秀的销售人员常常把客户资料看做自己的财富，每一个准客户的有效资料都十分宝贵，因为他们知道，即使在这次拜访中没有促成交易，但只要掌握了准客户的信息，那么自己就会有再次拜访，促成交易的机会，同样能够产生效益。

开发新客户、维护老客户等都应该纳入销售人员的目标中，这些目标有效地分散了“销售业绩目标”带给销售人员的压力，同时提供了新的渠道帮助销售人员实践自己的目标。当销售人员完成其中任意一个目标时，都会产生圆满完成任务的感觉，同时更加自信，这对他之后的工作充满的鼓励意义。

## ※ 按计划工作才能事半功倍

销售人员每天都有很多事情要做，要怎样才能使自己的工作更加高效呢？这就需要周密、详细的销售计划来为我们指点迷津。一份好的销售计划，可以帮助销售员更快地找到合适的潜在客户，并明确拜访客户的步骤，以达成销售目标，得到事半功倍的效果。

小斌刚参加销售工作时，对这份工作充满了好奇心，因此干劲十足，每天都制订拜访计划，并按计划去拜访客户，所以他的销售业绩一直很不错。但随着他对业务越来越熟悉，就变得有些懒惰，他也不再制订每天的工作计划了，认为反正自己有足够的销售经验，肯定能使客户购买自己的产品。后来小斌每天拜访客户的时间越来越少，拜访的客户也越来越少，可想而知，他的销售业绩绝对不可能有所上升，相反，还可能会不断降低。因为，不管他的销售经验多么丰富，客户是不会自己找上门来的。后来，公司来了一名新销售员，那名新销售员每天都很勤奋地工作，业绩也不错。在新销售员身上，小斌又看到了自己以前的影子，于是他觉察到了自己今天的懒惰与消沉，从此，他每天都制订详细工作计划，制订每次拜访客户的方案，加上他越来越丰富的销售经验，他的业绩不断上升，达到了前所未有的新高度，得到了事业上空前的成功。

可见，只有制订出切实可行的销售计划，并依照计划去进行每天的工作，才能不断地提高销售人员的销售业绩，达到事半功倍的效果。而无计划的、无目的的工作则会浪费我们宝贵的时间，甚至徒劳而无功，白白浪费我们的资源。

## ※ 有高效的行动力，才能达到目标

在偏远地区有两个和尚，其中一个贫穷，一个富裕。

有一天，穷和尚对富和尚说："我想到远方去看看，您看怎么样？"

富和尚说："你凭借什么去呢？"

穷和尚说："我只要一个水瓶、一个饭钵就足够了。"

富和尚说："我多年前就计划租条船沿着河流而下，但现在什么都没做好……"

第二年，穷和尚从远方归来，把到过远方的事告诉富和尚，富和尚深感惭愧。

这个故事告诉我们一个简单的道理：想得多不如做得多，行动才能实践目标。

许多人做事情都有一种习惯，非等算计到"万无一失"才开始行动，结果到头来一无所成，就像故事中的富和尚一样。其实在销售行业中，商海信息瞬息万变，再周密的计划也不能100%适应市场，只有行动才是检验销售计划是否可行的唯一标准。再伟大的目标，再周密的计划，如果没有去实行，那么就如同一张白纸一般没有意义。谁心中都会包含一颗光辉的梦想，但是光说不做是不可能获得成功的，如果只是沉浸在不切实际的幻想中，梦想着天上掉馅饼，而不是脚踏实地付诸行动，那么计划恐怕永远都只是计划，目标也永远不可能得到实现。

## ※ 目的明确才能一击即中

两家同行业的公司分别招聘了一批新人担任销售人员。甲公司十分注重业绩，因此在对新人进行培训时一直强调要重视最终结果，即一切工作都是为了销售业绩；而乙公司十分重视企业文化和口碑，因此对新人进行培训时更注重客户沟通技巧。对新员工培训完毕后员工开始上岗。甲公司的销售人员在与客户沟通的过程中时时都围绕着促成、签单进行，而乙公司的销售人员则表现得更倾向于侃侃而谈。三个月后，经统计，甲公司的销售人员完成的销售量是乙公司的三倍。

最后甲乙两家公司在对客户进行调查的时候发现，大多数客户都认为乙公司的销售人员素质较高，和他们在一起谈话很愉快，但他们对签单的主动性却很差，常常自己错过很多促成交易的机会。甲公司的销售人员虽然不如乙公司的销售人员善谈，但是他们却能够抓住一切机会促成交易，这种执着和主动打动了客户。

通过这个案例，我们不难看出，虽然他们本意都是想抢占市场，但他们对自己的行业有着不同的理解。甲公司认为商场如战场，创造业绩是他们唯一的目标，因此他们制订的培训计划也全部按照这个目标去实行。而乙公司认为自己可以凭借过人的沟通技巧、良好的口碑赢得客户的签单，殊不知当他们把精力灌注在沟通技巧时，却渐渐淡忘了自己的最终目的，结果只能是失败。

无论销售人员制订何种计划，首先一定要明确的就是自己的最终目的，自己所做的每一件事也都是要围绕这个目标，这样才能一击中的，得到让自己满意的结果。

## ※ 要实现目标，珍惜时间是第一步

有的人总是抱怨上班时间太长，而有的人却一直大呼时间不够用，而那些时间不够用的人往往会成为销售界的精英人物。这并不是说这些精英给自己安排了超额的工作量，只能说他们是最合理利用资源的胜利者。人生最宝贵的两项资产，一项是头脑，一项是时间。一个人是否有明确的目标，是否有合理、高效的时间安排，这对于他实现自己的销售目标有着至关重要的意义。

对每一个成功的销售人员来说，时间是一项很贵重的资产，珍惜时间是我们实践目标，走向成功的开始。当销售人员了解到时间的珍贵时，不妨多用心来计划一下你的时间，把需要做及想要的事仔细安排进你的时间表，把应该做的和不得不做的琐事区分开来，这样明确地管理自己的时间，才不会陷入“忙、盲、茫”的状态里。

对待时间的方式，可以决定销售人员的命运，时间陪伴着我们的一生，它任我们自由支配，却不受我们苦苦挽留。我们需要做的是学会管理好自己的时间，高效地利用时间。时间这颗种子，可能开放出绚丽的花朵，也可能结出无法吞咽的苦果，这都要看我们如何对待它，成功从我们珍惜时间开始。

## ※ 要想提升销售业绩，首先要能有效地管理时间

销售人员若要实现自己制订的目标及计划，那么同时也要具备高效管理时间的能力。管理时间的真正意义就是避免浪费时间，提高使用时间的效率，让我们能够在同一时间做更多的事情。然而在生活工作中，往往有许多时间被浪费掉，无聊的应酬，需要处理的各种各样的意外情况等，在这种情况下，销售人员需要合理的分配自己的时间。

销售人员需要正确认识自己工作的难易程度和工作量，对自己的能力有准确的把握，并给自己制订一个合理的时间计划，把紧急的要事放在第一位去处理。合理分配自己的工作量和工作资源，将自己的工作分门别类地整理好，按照“必须自己完成的工作”“可以交给别人完成的工作”“需要和同事协同才可完成的工作”等标准分类，然后一项一项去完成，这会大大提高销售人员自身的工作效率和工作质量，节省很多时间去做更多的事。要避免拖延，许多事情都是因为拖延而失去解决它的最好机会，与其等会儿做，我们不如现在立即做。在没有意外情况下，我们要按照一开始的计划去按部就班地工作，做好完善的工作记录，这样才能最高限度地利用我们的时间，实现我们最初制订的目标计划。

# 第11章

# 挖掘心理需求，有的放矢才能成功推销

事实上，成功的销售不在于销售人员努力说服客户去购买产品，而在于我们能深刻、准确地挖掘出客户的内心需求，然后提供给客户真正需要的并十分适合的产品和服务。但是要做到把客户需求挖掘得准而深并不是那么容易，这需要销售人员对客户需求有一个深刻的了解，同时具备一些挖掘提问的技巧。

## ※ 挖掘并创造客户的需求

所谓销售，实际上就是一个创造客户需求的过程。当满足人们衣食住行这些基本需求时，才会去追求更高层次的享受，这就是销售人员创造需求的契机。比如当客户衣食不愁时，销售人员适时地告诉他，牛奶、可乐这些食物能够带给他更多的营养，那么客户必然会产生需求，如果销售人员懂得引导客户去购买，那么他们也许会接受。相反，销售人员若不创造需求，那么即使产品再好，对客户来说也是多余。由此可见，销售人员的工作就是不断地给客户创造需求，而不仅仅是满足需求。

21 世纪是一个个性十足的时代，每个客户都有着各自不同的需求特点，琳琅满目的商品让人目不暇接，销售人员如何把这些商品销售出去，关键看的不是商品的品质，更多是能不能满足客户的需求。成千上万的客户有着成千上万的不同需求，当他们的需求在不断改变时，销售人员的观念也必须快速更新，时刻创造出新的需求点，让客户感觉到他很需要我们的产品。优秀的销售人员能洞悉客户复杂善变的内心，根据客户的背景挖掘出他不为人知的真正需求，有技巧地一步一步引导客户认识到自己的需要。当客户感觉到问题的严重性时，就会从内心产生强烈的需求，我们的销售工作也就容易得多了，这就是一个创造需求的过程。

## ※ 怎样才能让客户接受你的理念

有些销售人员努力为客户介绍自己产品的优势，希望能够得到客户的认同，然而他们过分强调自己产品的品质，仅这个理由根本无法让客户产生购买欲望。那么，我们该如何创造客户的需求呢？销售的最高境界已经不是产品的销售，而是理念的销售，当客户接受了销售人员的理念时，才会改变自己的思想、自己的习惯，继而产生需求，接受新产品。

在这个产品供过于求的社会,每一个客户都不会轻易相信你所销售的产品比竞争对手的更好。面对同样的产品品质,销售人员只有从理念取胜,才能让客户心甘情愿地购买。每一件产品的销售过程都会有一个新理念的产生,如果销售人员不能把这个理念告诉客户,那么无疑是一场失败的销售,因为客户没有认识到这个新观念,也就没有新需求,自然也就不会购买。若销售人员告诉客户在以往的生活、工作中有哪些不足之处,这些不足会连带会引发什么影响,对客户之后的工作、生活产生什么危害,他自然会慎重考虑选择新的产品来避免这些危害。这时销售人员已经成功地销售出了自己的理念,得到了客户的认同,也创造出了新的需求。接下来通过详细的产品介绍,客户会发现新产品比原先自己所用的更加方便、更加健康,那么销售成交也就变成势在必行的事。

创造需求就是打破客户的成见,改变他先前的生活习惯,让他不知不觉接纳销售人员的产品。优秀的销售人员不会一味强调产品的品质,而是强调更好、更健康的生活理念。通过强调健康意识、环保意识、安全意识等理念,让客户心甘情愿地购买更好、更先进的产品。客户接受了销售人员的理念,自然也就接受了产品。

## ※ 必须了解的客户需求三要素

销售是为了满足客户的需求而产生的一种社会活动,销售就是为了满足客户需求的三要素。

1.第一要素:销售人员的专业服务

对客户来说,要想接受新产品,首先就要接受销售人员。一个专业性强、形象好的销售人员能够提供给他全面、周到的服务,这样即使之后的产品出现问题,客户也能找到一个值得信任的人来帮他解决。更多的时候,客户需要的是一个能为他排忧解难的顾问、朋友,而不是一个冷冰冰的产品。

2.第二要素:产品带给客户的满足感

很多时候,客户产生购买欲望是因为自己的内心得不到满足,他需要一些产品来给他带来全新的享受和利益。因此销售人员不要一味地为客户介绍产品本身,重点在于告诉客户这件产品能满足他的哪些心理,弥补他生活中的哪些缺憾。

3.第三要素:产品的实际功能

客户需要某样产品,必然有他亟待解决的问题,销售人员所提供的产品一定要能帮助客户解决问题,这是客户最基本的要求。

## ※ 如何定义客户的需求

在销售行业中,经常有销售人员这样抱怨:客户说不需要,客户说没有钱,客户说要考虑一下,然而他们心里都清楚,客户拒绝的根本原因是他们根本就不需要。这些销售人员的失败在于他们并没有了解到客户的真正需求,只是盲目地向客户介绍产品,结果不仅徒费口舌,还连带影响了自己的工作情绪,真是事倍功半。

销售人员若想顺利完成销售工作,首先要能够精准定义出客户的需求,在这个需求范围内提供给客户适合的产品,只有如此,才能得到客户的认可。然而客户的需求往往是多方面的,有的需求甚至客户自己都没有明确。比如当客户站在销售柜台前浏览商品时,此时他并没有确定自己会买什么东西回去。在这种情况下,优秀的销售人员就要运用一些小技巧去与客户沟通,分析客户的内心,最后根据客户的反应做出一个需求定义。有经验的销售人员通过与客户的交流能够大体描绘出客户希望购买产品的用途、功能及价格,然后引导客户将这种模糊的需求慢慢以精确的方式展示出来,再根据定义出的需求为客户选择合适的产品。一般情况下,客户都会满意销售人员推荐的产品,并认为自己正需要这个产品,接下来的销售过程就会很顺利。

# ※ 定义客户需求的原则

为了更加准确、全面定义出客户的需求，销售人员要注意从不同的角度和方面来分析，其中特别要注意以下几个原则。

1.面性原则

在定义客户需求时，销售人员要秉承全面性原则，力求全面掌握客户对各种产品的需求程度，同时还要根据客户的喜好、生活习惯、经济实力等来分析，确定一个较大的需求范围，之后再根据客户提出的各种要求逐渐缩小范围。

2.特性原则

每一个客户都有其特殊的需求，针对这种情况，销售人员在定义客户需求时就不能千篇一律，应根据客户的独特性，选择能够满足客户特殊需求的产品。

3.人性原则

客户的需求源自他的工作、生活，并不是通过短短几句交流就能够定义出来的，因此销售人员不能把客户的需求仅仅定义为简单的冲动购物，也不能把自己的意见强加给客户。我们应该深入了解客户的工作、生活，这样做出的判断才更正确。

4.议性原则

每一个客户都不会在一开始就接受销售人员的建议，因此销售人员在定义客户需求时，切忌不能用命令的语气与客户沟通，这会受到客户的抵制，正确的方法应该是采用建议的口气询问客户，一步一步确定客户的需求。

## ※ 定义客户需求五步骤

销售人员若想能够与客户顺利沟通、交谈，首先就要明确知道客户的大致需求，这才能有一个方向指引我们继续完成之后的每一个环节。对客户需求的定义不仅要从感性的角度出发，还要兼顾理性分析，销售人员在定义过程中要按照以下几个步骤进行，才能得出最准确的结论。

1.步骤一：调查客户信息

大量收集客户信息是定义客户需求的基础，通过各方面的信息，销售人员可以从多个角度不断丰富自己对客户信息的把握。一般情况下，销售人员可以通过公司已有的客户资料来大致了解客户信息，或者通过对客户同事、家人的询问来了解。总之，充分的调查是掌握大量信息的可靠渠道，这为我们之后的客户分析提供了充分的信息。

2.步骤二：分析客户需求

收集来的信息，销售人员要去伪存真，通过细致分析来判断客户需求的变化趋势，做到比客户更了解他自己。这样，当销售人员先于客户说出他的苦恼时，客户会惊奇地发现销售人员对他十分了解，心中不由得就多了一分信任。

3.步骤三：与客户沟通

这是定义客户需求的关键，通过双方的沟通交流，销售人员可以得到更多来自客户的正面信息，这些信息能够帮助我们挖掘出客户的真实想法，更加准确地定义出客户的需求。

4.步骤四：总结客户需求

经过沟通，销售人员已经对客户的想法有了一个新的认识，这时要结合之前对客户的了解、分析，迅速总结出客户的需求，并以此来试探客户是否认同。如可以问："李老板，您是不是认为现在是大量进购原材料的最好时机？"

5.步骤五：确定客户的需求

客户会对销售人员总结的需求做出一个肯定或否定的回答，这其实就是确定客户需求的最好时机。通过客户的回答，销售人员能够迅速判断出客户的真正用意，并通过继续沟通不断修正自己之前的定义，让客户正面确定自己的需求。如可以说："李老板，你的意思是现在先不进购原材料，引进新技术才是关键，对吧？"

## ※ 把握客户的四大心理需求

有时，销售人员对客户的突破口不仅体现在产品竞争上，还有其他突破点。很多时候，客户并不在乎销售人员提供的产品的品质和价格，而更多的是关注这件产品能不能满足他的心理需求，让他得到身心的满足，因此销售人员有必要了解一下客户的心理需求有哪些。

1.心理需求一：安全感

人们总是认为自己熟悉的环境和物品是最安全的，客户也是如此，出于警戒心理，客户对于销售人员介绍的新产品总是会无理由地抵制，即使旧产品未必是适合自己的，客户也不想更换，因为购买新产品无异于会打破客户之前产生的安全感。解决这个问题的方法并不难，销售人员可以通过各种方式让客户感觉到这件产品不会破坏他现有的生活，反而会带给他更大的安全感，让客户得到更多的益处，如此这般，客户就会欣然接受。

2.心理需求二：匹配度

客户的内心总是希望自己购买的东西是和自己最匹配的，比如合体的服装、恰到好处的发饰，这些小物件都会给客户一种锦上添花的满足感。某些产品的企业文化也会吸引客户，产生心理需求，如时尚型的客户总喜欢去星巴克喝咖啡，咖啡馆的环境满足了他们小资的情调；而居家族的客户更喜欢自己冲饮咖啡，他们享受的是自娱自乐的情怀。销售人员要准确定位客户心理，这样才能选择出与客户相匹配的产品，满足他们的心理。

3.心理需求三：信任度

出于安全、可靠的考虑，客户更愿意和值得信任的销售人员谈生意，他们很容易受与他们建立了信任关系的人的影响。鉴于此，销售人员要做的就是从自身形象、能力、态度等方面去获取客户的信任，这些是决胜销售的关键。

4.心理需求四：满足感

在销售过程中，销售人员不妨暗暗观察，客户在购买的过程中是否时时体现出心满意足的情绪。当销售人员的产品得到客户满意的微笑时，说明客户的内心十分满足，这不仅能保证此次销售的顺利进行，销售人员还会得到客户意外的回报，比如转介绍新客户或再次购买。

## ※ 客户有哪些购买心理

不同的顾客有不同的购买心理，了解客户的购买心理，不仅能够提高销售人员的销售能力，同时还能够更精准地剖析客户，挖掘出客户的真正需求，然后采取不同的服务措施和销售技巧，使销售人员之后的销售工作更加顺利。

1.求美心理

这种客户对于产品的外在形态要求很高，但对品质就不是十分重视，销售人员可以根据他的标准选择合适的产品，很容易促成交易。

2.求新心理

这种客户一般思想比较超前，喜欢尝试新鲜事物，对产品的创新性和时尚性要求很高，销售人员在选择合适的产品时，还要配以详细的说明演示，将产品的独创性展示出来。

3.求廉心理

物美价廉的产品是很多客户购买的目标，价格是这类客户做购买决定的主要因素。销售人员可以在一开始就对他说明底价，这样坦率的对待反而会赢得这类客户的好感。

4.求便心理

有些客户很厌烦在复杂多样的商品中挑选，销售人员要仔细询问客户对产品的要求，然后代为选择，尽量精简步骤，只推荐一两样同类产品供客户挑选即可。

5.从众心理

很多客户在购买产品室喜欢购买大家都选择的产品,销售人员可以在介绍的同时配以销量、口碑等信息辅助,从而间接促成交易。

6.自尊心理

有的客户十分在意销售人员对自己的态度,可能产品对他的吸引力并不大,但销售人员的热情和尊重反而会促使他掏腰包。

7.疑虑心理

有的客户不信任他人,在购买时总是反复挑选,面对这种客户,销售人员只能秉持热情、耐心的工作态度帮助他选择,并从专业的角度给予客户建议,留给他自由挑选的空间。

## ※ 了解客户需求的类型

我们知道,销售是以发现并满足客户需求为前提的,比如客户口渴了,我们卖给他一瓶饮料,这是满足了客户的需要,但这并不是全面的销售。客户的需求千奇百怪,并不是像例子中那么简单。在实际生活中,客户的需求可分为显性需求、隐形需求和未知需求三种。

1.显性需求

显性需求通常是具体而明确的,客户面对销售人员十分清楚自己需要什么产品,比如说要购买一个可以上网的手机,他的需求就是在不影响正常通话的前提下可以随时随地上网。那么销售人员就应该为他挑选一个支持上网、速度快,使用方便的手机,至于手机的品牌、其他功能、外形等都是次要因素,可以不予考虑。

2.隐形需求

隐形需求是相对于显性需求来说的,客户知道自己需要什么产品,但却不能明确自己为什么需要。同样用手机举例,客户需要一部手机,但他用手机做什么却是销售人员不明了的,可能客户用手机打电话,可能用手机上网,也可能用手机来体现他的个人价值,这样一来,销售人员选择什么样的手机就不是那么容易了。此时我们要做的,就是努力的和客户沟通,将他的隐形需求转变成显性需求,并让客户得到满足,这不仅要求销售人员善于沟通,还要有细致的观察力。

3.未知需求

未知需求和隐形需求不同,它是指暗藏在客户生活中但还没被客户认识到的需求。比如销售人员直接上门推销饮水机,客户通常会摇头拒绝,但我们若告诉客户饮水机能带给他的家人更加健康的身体,那么可能就会同意购买了,而在这之前,客户没有一点购买饮水机的想法。客户的未知需求需要销售人员去挖掘、去满足。

销售人员销售的产品一定是要满足顾客的需求,只有了解了客户的需求类型,才能帮助我们发现顾客的需求,并且用我们的产品或服务去满足客户。

## ※ 有效挖掘客户需求的四大技巧

对销售人员来说,最难的事情某过于在最短的时间内挖掘出客户的深层需求。很多时候,客户的需求都不会表现得很明显,甚至客户自己都不知道自己需要满足的是什么。在这种情况下,一味地介绍产品并不能引起客户的购买欲,销售人员要灵活使用以下四种方法,它们能够帮助我们认识到客户的内心需求,并促使客户产生购买欲望。

1.方法一:危机提醒

客户在挑选产品时,常常会不自觉地想象,假如自己拥有这件产品后会得到哪些益处,并以此来作为评判这件产品是否能够满足自己需求的标准。销售人员可以利用客户的这种心理,反向思考,提醒客户如果没有这件产品的帮助,客户会受到哪些负面影响。这种方法能让客户更加清楚地认识到自己的需求,同时也更容易接受销售人员推荐的产品。

2.方法二:前景展望

这种方法非常适用于那些一直犹豫不决,拿不定主意的客户。此时客户可能考虑的不是需求问题,而是产品的价格、用途等其他辅助因素,而且渐渐地淡忘了自己购买的主要意愿。此时,销售人员可利用前景展望的方法,给客户构建一个美好的情景,让客户体验到得到产品后的喜悦与满足,从而坚定客户购买的决心。

3.方法三:先试后买

这种方法一般适用于可以试用的产品,并不针对所有产品。销售人员可以先利用客户"占小便宜"的心理,让客户尝试使用产品,并进一步加深客户对产品的依赖。一旦客户通过试用对产品产生好感,那么成交也就是水到渠成的事。

4.方法四:循循善诱

这种方法针对那些不清楚自己有什么需求的客户,销售人员可以通过启发、询问、对比等方法,将客户的需求扩大化、确定化,引导客户逐渐对产品产生兴趣、发生需求,直至最后决定购买。

## ※ 危险提醒:让客户认识到自己某些潜在需求

面对琳琅满目的商品,有些客户时常会表现出满意、感兴趣,但通过了解后却并没有强烈的购买欲望,这是因为他们没有发现自己的潜在需求。销售人员要适时提醒客户,让他了解到没有这件产品他自己会受到什么影响,同时将客户的潜在需求转化会显性需求,这样,客户的心理才能得到满足。

客户王先生正在看电脑,销售人员向他展示过某品牌电脑的性能后,王先生只是不住地点头,却没有购买的倾向。

销售人员:"先生,您家小孩今年得上初中了吧。"

王先生:"是啊。"

销售人员:"现在初中生的功课越来越难了,家长都很难辅导了。"

王先生:“我给她请了家教。”

销售人员:“看来先生您真是望子成龙,那您想不想让您的孩子得到更好的辅导?”

王先生:“当然想。”

销售人员:“您看,现在已经是 21 世纪了,都是网络时代了,网上同步教学的课程有很多,质量肯定比家教要好。而且现在很多学校的作业都要求孩子们上网查资料,您家孩子要是没有电脑的话只能到网吧、图书馆去查。浪费时间不说,还十分麻烦,白白耽误孩子的学习时间啊。”

王先生:“确实是,这我倒没想到。”

销售人员:“现在人人都知道用电脑学习最效率、最便捷,您不能让自己的孩子输在起跑线上吧。”

王先生听完销售人员的话,心想:“对呀,学习最重要,还是给孩子买台好电脑吧。”

接着王先生又仔细的询问了下电脑的性能,最后购买了一台电脑。

危机提醒会促使客户从反面想象,自己若没有这件产品会产生多大的落差,这样就暴露出他自己所不知道的潜在需求,销售人员抓住时机促成,成功的概率就会大很多。

## ※ 展望前景:让客户提前体验到满足感

很多时候,客户明明已经清楚地表示出自己对产品的需求,却在成交前犹豫起来,这是因为他的满足感没有被调动起来。客户感觉不到自己有什么一定要马上购买的理由。在犹豫期间,他已经渐渐淡忘了自己刚看到产品时的那种迫切想拥有的感觉。此时销售人员要做的,就是在与客户的沟通中,描绘出一幅让客户十分期待的画面。通过前景展望,让客户的内心需求再度得到满足,重新勾起他迫切的购买欲望,从而有效地促成这笔交易。

在购房现场,客户王先生对之前看的楼盘、户型等很满意,但当销售人员拿出购房合同时,他又摇头表示要考虑一下。售楼员鑫岚面带微笑对王先生说:“既然要考虑,那您到我们的样板间再看看吧。”走进样板间后,鑫岚指着窗外的风景对王先生说:“您看,您住在这间屋子里,打开窗户就能感受到阳光的温暖,窗外的绿树和花园是您每天散步的好去处。这开放式的厨房可以让您的妻子大展厨艺,您可以一边听音响一边等待丰盛的晚餐。这边的房间可以做儿童房,您的孩子可以在这间光线充足的房间里无忧无虑地成长。另外,本小区配套的物业管理能提供给您绝对安全、舒适的服务。小区内学校、邮局、超市一应俱全,您的妻子和孩子再不用去很远地方上学、购物,既安全又省心。如果我是您,我就不再犹豫,毕竟钱是次要的,和家人舒适、幸福的生活才是我们一生的追求。您说对么? 签下合同,这份幸福生活就属于您了,您的妻子和孩子一定很期待和您一起住在这里。”听完鑫岚的话,王先生长叹一口气,转身说道:“你说的对,钱再多也不如和老婆孩子一起幸福生活重要,这套房子我要了,我们去签合同吧。”

在这个案例中,销售人员通过语言向客户勾勒了一幅幸福、和谐的生活画面,让客户提前感受到住在这套房子中享受到的美满生活,这种愉悦与满足促使客户下定决心购买,不再犹豫。

## ※ 未来描述:让客户看到获得产品后的美好场景

任何一个人在第一次接触一样新鲜东西时,都会有很多担心,这是人之常情。面对全新的产品,客户并不了解产品的的优势,因此难免会犹豫不决,拒绝购买。这时销售人员可以建议客户先少量试用,给客户一个了解产品的机会。只有当客户充分感受到产品的好处和带来的利益时,才会从内心深处产生购买意愿。

“您好,欢迎试用我们的眼霜。”化妆品销售员热情地对来往的客人打招呼。

王小姐受到吸引走到柜台前询问:“你们家的眼霜多少钱?”

销售员:“小姐您好,您先试用下效果,觉得满意我再给您介绍价格。”

片刻后,王小姐感觉眼霜涂在眼睛周围有一种清凉的感觉,但照镜子觉得并没有什么特别的效果。

销售员继续说:“这款眼霜的特别之处在于它注重对皮肤的保养，而不是加重皮肤的负担。我们平时上班要求化妆，回家卸妆时会发现皮肤慢慢变得有些粗糙，这都是化妆品的影响。”

王小姐点点头，表示赞同。

销售员接着一边按摩王小姐的眼角一边说:“眼睛周围的皮肤最能看出女人的年龄，每天涂的眼线、眼影都在慢慢腐蚀眼角周围的皮肤。小姐您有没有觉得有时候眼睛会很累?”

“有时候会。”王小姐开始注意听销售员说的内容。

“这款眼霜能够帮助我们为眼睛做个放松治疗，您刚涂上有些清凉的感觉吧，这就是在补水。您每天晚上这么涂一下，既能隔离化妆品的腐蚀，还能不断细化皮肤，很多客户都反应这款效果很好，您不妨试试。它的价格也不贵，比您买一件衣服便宜多了。”

王小姐想了想，觉得试用的效果还不错，最后高兴地买了下来。

## ※ 循循善诱，让客户找不到拒绝购买的理由

有些时候，客户将自己的需求深埋在自己的内心，甚至自己都没有察觉。此时，销售人员可利用“循循善诱”的方法，只需要给客户一个充分的购买理由，客户就会说服自己，从“需要”变为“想要”，甚至产生急切的购买欲望。

客户刘先生向销售人员询问一款外贸围巾的价格，销售人员小李很热情地向刘先生打招呼，并询问刘先生为什么想购买。

刘先生:“太太生日快到了，想给她买个礼物，随便看了看，这条围巾还不错。”

小李:“哦，先生想送给太太做生日礼物啊，同时提醒她注意天凉保暖，避免感冒，您可真是个细心的好丈夫。”

刘先生:“哪里。”

小李:“这款围巾的颜色很洋气,您太太围上一定很好看。它的质地是羊毛的,十分保暖。现在围巾的围法很多,都很漂亮,深受女性欢迎。我再送你一本画册,上面有详细的使用方法,您太太收到了一定很喜欢。”

刘先生:“那好,你给我包起来吧。”

案例中,销售人员小李通过不断询问客户的需要,并逐渐加深围巾对客户的重要性,让客户刘先生感觉送妻子一条温暖又好看的围巾是十分必要的,客户的心理感到十分满足,十分值得,因此就从一开始的“随便看看”迅速发展成“购买”。这种购买理由是刘先生自己为自己创造的,因此更容易获得认同。小李成功地挖掘出刘先生的内心需求,因此顺利地销售出围巾。

## ※ 提问,挖掘客户的真正需求

提问是销售人员最常用来与客户沟通的语言表达方式,它不仅能让客户条理清晰地表达出自己的有效信息,还帮助销售人员更深刻地了解客户的想法,是我们挖掘客户需求必不可少的工具。

1.提问帮助销售人员收集客户信息

提问是销售人员的法宝,如果在与客户沟通时,销售人员只说不问,就不一定知道客户真正关心的是什么,客户的真正需求在哪里。若销售人员能够巧妙而适当地提问,那么不仅可以收集客户的信息,摸清客户的需要,还能把握客户的心理状态。此外,通过提问销售人员还向客户表明了自己正在认真倾听,给予了客户莫大的尊重感,从而得到客户的好感。

2.提问帮助销售人员了解客户想法

为了准确地挖掘出客户的需要,销售人员需要通过不断提问来了解客户的想法,比如:“您能不能告诉我您对这套产品有什么看法?”“您是否认同我刚才表达的观点?”这样的提问能让销售人员更加清楚地知道客户到底想要什么,希望得到什么样的产品或服务。

3.提问帮助销售人员确定客户需求

大多数客户不能一开始就明确自己的需求,需要通过销售人员不断地提问才能明确出来。这时候销售人员要沉着、耐心的询问客户，逐渐缩小客户的需求范围，直至最后确定。如："您想要一张红色的壁纸对吗？好的，是一张适合铺在卧室墙上的壁纸对吗？"当客户把注意力放在销售人员提出的问题上时，就已经在不知不觉中展现出自己真正的需求。

## ※ 常用的挖掘客户需求的提问方式

提问在销售过程中所起的作用是不容小看的，不同方式的提问能发挥出不同的效果。要想准确、深刻地挖掘客户需求，销售人员一定要灵活运用以下几种提问方式。

1.礼貌性提问——给客户留下好印象

在初次与客户交流时，销售人员需礼貌性地询问客户的姓名，这是对客户十分尊重的表现，也会给客户留下一个好印象，方便之后的交流。

2.开放性提问——初步了解客户需求

开放性提问一般涉及的范围十分广泛，如："您喜欢什么样的瓷砖？""您喜欢什么风格的设计？"客户会根据自己的实际感想来回答，销售人员也就能够了解到客户的基本喜好等信息。

3.诊断性提问——缩小客户需求范围

诊断性提问通常是指用"是不是""对不对"等句型发问的句式，这种提问的作用很多，既可收集客户信息，也可以验证销售人员对客户需求的定义，同时缩小客户需求的范围，让销售人员进一步确定客户的需求。

4.好奇性提问——激发客户兴趣

"您不想知道我们现在有什么特价产品么？""您知道为什么这种车型如此畅销吗？"这种好奇性提问能最大限度激发客户的兴趣，让客户产生想要追根究底的欲望。一旦客户对产品产生兴趣，销售人员才能进一步创造出需求点，引导客户产生购买欲望。

5.温馨提问——确定客户需求

"您是说您更喜欢黑色的木材，是吗？""您觉得这件外套的颜色太淡了，是吗?”这种反问性提问不仅再次向客户确认他的真实想法,同时也让销售人员非常明确客户的需求是什么。无论客户的回答是肯定还是否定,销售人员心中都应该十分确定客户想要的是什么。从而继续为客户选择合适的产品,满足客户需求,完成交易。

# 第12章

# 完美展示，让客户全方位地了解并接纳产品

产品展示是销售过程中的一个重要环节，它不仅能全面地展示产品的功能、品质，还能帮助销售人员提高对客户的说服力，让客户亲自体验到产品带来的实用性，从而促进购买。现如今，更加个性化的展示已经成为提高商品价值，创造新商机的新途径，销售人员一定要注意产品展示的要点，让客户在产品展示中看到更多的可利用价值，从而产生购买欲。

## ※ 专精于产品是展示的基础

很多销售人员都曾面对过这样一种客户，他们在挑选产品时常常会货比三家，反复比较不同品牌、不同价格的同一类型产品，却迟迟拿不定主意，最后他们会转而请教销售人员，想要了解这些产品的差别在哪里，再决定是否购买。事实上，这时需要销售人员的产品展示，销售人员要条理清晰地为客户介绍各种产品的特点和不同，帮助客户进行挑选，然而令人失望的是，现在有很多销售人员却不能做到这一点。有的销售人员只知道产品的大致价格、功能，对其与同类产品的区别却毫不知情。

对于销售人员来说，专精于自己销售的产品是做好产品展示的基础，"产品种类多""企业培训不仔细""工作忙，没时间具体了解"等都不能算做不了解产品的理由。销售人员的职责的要透过自己的专业知识为客户提供帮助，帮助客户解决问题。因此，必须主动学习，专精于自己所销售的产品。销售人员可以通过听、看、用、问这几种方式了解自己的产品，找出自己产品的优点和缺点，同时将优点作为卖点推销出去，用自己产品的长处来弥补短处，让客户相信这是一件能为他带来益处的产品，值得购买。

另外，专精于产品并不是一个静态的过程，销售人员要成为一个产品专家，不仅熟知自己产品的功能、特性，还要不断地获得其他同类产品的信息，了解产品的原理、技术特征，帮助客户进行对比，从而筛选出能最大限度满足客户需求的产品。只有这样详细地了解产品及产品市场信息，销售人员才能得到客户的信任，产品蕴涵的价值也才能得到完美的展示。

## ※ 自信演示，感染你的客户

产品展示是一个极具挑战性的销售环节，销售人员不仅承担着巨大的销售压力，还要面对不同的客户，回答各种各样的问题。面对客户一次一次的拒绝、一次一次的质疑，销售人员只有对自己的企业充满信心，对自己的产品充满信心，对自己的努力充满信心，才能感染客户，得到客户的认可，顺利地进行产品展示。

老刘和小刘是同一家公司的两名销售人工，老刘在这家公司工作了三年，对公司的文化、产品性能等非常了解，但是业务能力稍逊；小刘是一名新进人员，口才很好，通过简单的培训后对公司也有了基本了解。在接下来的产品展示过程中，老刘虽然口才方面不如小刘，但他在客户面前显露出来的对公司及公司产品的信任和信心，打动了客户，并最终促成了交易。小刘虽然口才了得，但是客户总感觉他在展示产品时有点信心不足，也就连带着对产品产生怀疑，不肯交易。

有这样一句话："自信则人信之。"一个对自己产品都没有信心的销售人员又怎么能完美展示产品的优势呢？销售人员只有对自己充满信心，才能将这份信心传递给客户，才能感染客户，改变客户的态度，让客户认同我们的产品，进而愿意购买。

## ※ 实事求是，避免不实夸大

现在，随着市场竞争的加剧，价格战、广告战、技术战、质量战不断升级，有的销售人员为了业绩不择手段，在产品展示时过分夸大产品的功效来哄骗客户购买，结果客户的需求没有得到满足，反而被销售人员的误导浪费了精力和财力，产生了恶劣的后果。

有一天晚上，客户王女士在家里接待了一名销售人员，他所推销的是一种能够祛除油烟灶具上污垢的产品。他在王女士家的抽油烟机上做了实验，效果非常好，王女士感觉很满意。这名销售人员继续再接再厉，向王女士保证说，这项产品还能清洁地砖、沙发、皮衣上的污渍，当即在她家的真皮沙发上试了起来。没想到污渍不仅没擦掉，反而还腐蚀了一大片沙发表皮。这下这个销售人员傻眼了，连连声称以前没有出现过这种情况。王女士非常生气，最后这个销售人员不仅没有卖出产品，反而还赔偿了王女士的所有损失。

面对日益严峻的市场竞争,客户已经开始趋向理性化,他们更加相信产品的口碑、品牌、名誉,选择产品也不再简单地听从销售人员的"一家之言"。因此,销售人员在产品展示时,应把"真诚"把在首位,诚心诚意、实事求是地为客户服务,不随意吹嘘、夸大产品的功效,误导客户。销售人员要在维护企业的利益同时也站在客户立场上考虑问题,用自己的真诚来得到客户的信服,这样客户才会愿意选择销售人员展示的产品。

## ※ 完美的细节展示让客户心悦诚服

从产品展示的角度考虑,销售人员的某些细节会对客户的意识产生重大的影响。在竞争激烈的销售市场中,卖点独特、奇货可居的产品越来越少,很多产品在性能、价格、品牌上都大同小异,所以客户在选择产品时,往往因为一个细节就决定选择哪一个产品。那么,销售人员在产品展示时应注意哪些细节呢?

1.专业展示,动作规范

销售人员作为专业人员,在产品展示时应以专业、规范的动作向客户介绍产品,演示步骤清晰明了,不拖泥带水。这种规范化、标准化的展示会在无形中提高产品的品牌效应,提高客户对产品的信任度。

2.针对客户需求进行展示

销售人员在展示前应简单了解客户的需求,然后在接下来的展示过程中,重点展示能满足客户需求的功能,同时细心观察客户的反应,随时解答客户的疑问,让客户的心理需求也得到满足。

3.邀请客户亲身体验,引起兴趣

当客户亲身体验产品展示时,会对产品留下更深刻的印象,销售人员可以通过这个小细节来吸引更多的客户,在有限的时间里充分展示产品的特点,引起客户的兴趣。

4.引导客户,促成交易

销售人员的工作不仅是做好产品展示,更重要的是通过展示的过程来引导客户产生需求。也许有时客户事先并没有购买意愿,但通过销售人员的引导,他会产生购买的意愿。这时,销售人员只需再提供给客户一个值得购买的理由,正是这个小细节,往往就促成了这个交易。

工作中没有小事,销售在于细节,销售人员要用心做好产品展示的每一个环节,这样就能在细微之处显现出惊人的效果,从而得到客户的好感和信任。

## ※ 将产品卖点展示给客户

一位先生到店里购买手机,转来转去看中了一个智能手机。销售人员小文热情地接待了他。

客户说:“你们这个手机卖得太贵了吧?”

小文说:“先生,您的眼光真好。这款手机是刚上市的新品,目前只在我们店独家代理,虽然和别的品牌同类型的手机相比是贵了点,但是它的性能绝对要比别的品牌好得多。”

客户问道:“你们这个手机是不是太复杂了?用起来不太方便。”

小文说:“您说的对,好多客户在购买之前都问过这个问题。其实所有高级智能手机操作起来都是比较复杂的,但是只要掌握了使用方法,用起来还是很方便。而且它新实现了许多功能,不仅通话顺畅,听歌、上网、拍照功能也都很强大,用过的客户都很认可,觉得物有所值。”

最后,这个客户很高兴地买下这款手机。

对销售人员而言,成功的产品展示始于自己专业的服务。面对客户提出的“价高”“操作难度大”等质疑,销售人员小文用自己的专业服务一一消除了客户的疑虑,最终实现了成交。由此我们知道,要想成为优秀的销售人员,在展示产品时就要提前做好准备,对自己产品的优劣、具体用途心中有数,这样才能给客户提供专业的意见,让客户放心购买。

## ※ 产品展示的精髓是卖点

有这样一个故事，一个青年历尽艰险来到热带雨林找到一种高10余米的树木，这种树在整个热带雨林中也只有一两棵。砍下后显出木心沉黑，一种无比的香气散放开来，青年觉得一定能够卖个好价钱。但是当青年将香味无比的树木运到市场去卖时，却无人问津，这让他很苦恼。后来青年看到很多人在买木炭，就把香木烧成木炭拿去卖，结果很快就卖光了。青年为自己的聪明机智而高兴，急忙回家告诉了他的父亲。谁知老人听了以后却流下了伤心的泪水。原来青年烧成木炭的香木是一种珍贵的木材——沉香木，只要切下一块磨成粉末，卖的钱就足以超过卖一年的木炭。正是青年的不知所以，使得他错过了这样一个发财的机会。

通过这个故事，我们不难看出，青年一开始觉得香木能够卖个好价钱，但在市场上却没有宣传香木的特点，结果无人问津，最后只得烧成木炭。如果人们知道青年卖的木头不是普通木材，而是千金难求的沉香木，那么一定会蜂拥而至。

销售人员在产品展示时，一定要将产品的独特卖点展示出来，这是产品竞争力的展示，是整个产品展示的精髓。独特的卖点是销售人员吸引客户的法宝，我们只有千方百计地让客户认同我们的卖点，对我们的产品产生兴趣，才能促成交易。

## ※ 如何提炼产品卖点

产品卖点无处不在，它贯穿于产品销售的全过程中，它可以体现产品的独特，也能赋予产品新的意义。一直以来，卖点作为产品的核心竞争力，始终作为产品展示的重点内容。销售人员在遵照提炼产品卖点原则的同时，结合产品的价格、市场、功能等挑选出最吸引客户、最让客户动心的几条因素，以此才能大大增加产品在客户心中的分量。

1.原则一：人无我有，竞争力强

要想提炼出令客户眼前一亮的卖点，销售人员的思路首先要打开，不能总是关注同类产品的卖点，要做到“人无我有”。这种独一无二的特性会为产品吸引大量的客户，毕竟物以稀为贵，“独特”使我们的产品具有无人能比的优先竞争力。

2.原则二：人有我优，客户倾心

在产品极其丰富化的今天，很少有产品能够一枝独秀，在这种情况下，销售人员就要把卖点定位于更高一层的品质上，即“人有我优”。在同类型产品中，客户通过货比三家，总是会倾心于质量更好、更有保障的产品。

3.原则三：人优我异，出类拔萃

销售人员在提炼卖点时要注意发挥自己产品的优势，如果竞争对手的产品同样质量过硬，那么我们就把眼光放到与它异同的地方，即“人优我异”。比如当所有品牌的洁面乳都在强调自己具备美白、除痘的功效时，我们不妨宣传我们的产品更适合男士使用，这样的卖点，会大大降低同类竞争产品的威胁。

## ※ 让产品的卖点独一无二

有这样一个故事：一位客人在饭店用餐，侍者向他推荐本店招牌菜——清蒸鹅肉，而这位客人是不大爱吃鹅肉的。侍者随即又讲了一句：“你知道世界上哪种动物不得癌吗？一种是海里的鲨鱼；另一种就是陆地上的鹅了。”客人听了这番话后，不仅当时点了这道招牌菜，从此还成了这家店的回头客。

故事中的侍者用“健康”这个独特的卖点引起了客户内心对健康的渴求，进行了一次完美的产品展示，使其对产品产生好感，从而促成消费。在市场飞速发展的浪潮下，没有独特卖点的产品很快就会淹没在茫茫商海中。精明的销售人员应把握瞬息万变的商机，将自己产品与众不同并且超越竞争者的优点展示出来，用这些独特的卖点来吸引客户的注意，从而达到促成交易的目的。

1.健康环保，满足现代生活需求

随着时代的发展，人们对自身的健康越来越关注，绿色、健康、环保的产品受到越来越多的客户的欢迎，“健康、环保”这个卖点不仅能满足客户对自身健康的要求，也能迎合他们重视环境的心理需求。

2.物美价廉，永远吸引顾客

一直以来，价格始终是决定客户购买意愿的一个重要因素，物美价廉的产品或许不是品牌最好、服务最好的产品，但其低廉的价格优势还是能够吸引大部分客户的。

3.省时省力，客户必然的选择

现如今，时间和精力作为一种隐形资源也受到了越来越多客户的重视。如果同样类型的产品，其中一种能为客户节省大量的时间和精力，那么无疑就具备了绝佳的优势，是客户的必然选择。

## ※ 个性产品介绍，强化演示效果

某卖场，A 销售员在产品介绍时，没有主动去了解客户的需求，只是一味地把该产品的所有功能像背书一样说给客户听，没有任何侧重点。客户听完后觉得这个产品对自己没有什么利用价值，就离开了。在柜台的另一边，B 销售员也在对客户进行产品介绍，但是他处处针对客户的需求，“有的放矢”，让客户感觉这个产品能够给自己带来很大的好处。生动、丰富的介绍和产品演示，让客户越来越心动，最后这个客户买下了这个产品。

同一种产品，经过两种不同的产品介绍却产生了截然不同的两种结果，这不得不说明产品介绍对销售人员工作业绩的巨大影响。

产品介绍是每一个销售人员的必修课。客户对产品的认识、了解、产生兴趣的过程，就是销售人员的产品介绍过程。虽然产品介绍对产品展示的效果有很重要的影响，然而有些销售人员在对客户展示产品时，常常会犯以下错误，导致展示失败。

(1)对产品了解不详细，产品介绍不能突出卖点。

(2)产品介绍内容空洞、单薄，专业术语很多，客户很难听懂。

(3)产品介绍时语气平淡，好像背书，客户感觉被敷衍对待。

(4)产品介绍没有突出特色，很难吸引客户的兴趣。

(5)对产品掌握不够透彻，面对客户的询问不能全面回答。

(6)缺乏严谨与专业性，难以得到客户信任。

以上这些是每一个销售人员在产品介绍时要尽量避免的，只有通过不断改进，销售人员才能避免错误，增强产品展示的效果，取得更好的销售业绩。

## ※ 增强产品介绍感染力的小技巧

产品介绍是影响销售成功率的关键要素之一，一个优秀的销售人员不仅要在产品展示的过程中灵活应变，利用有限的介绍打开无限的商机，还要牢牢抓住客户的需求，引起客户的兴趣。以下这些小技巧能帮助我们增强销售人员自身产品介绍的技能，增加销售的影响力和感染力，从而达到促成交易的目的。

1.熟练介绍产品

在产品展示的过程中，客户对产品的了解全部来源于销售人员的产品介绍，因此熟练、全面地介绍产品是销售人员必须掌握的第一个技巧。在介绍产品时，销售人员要把握好介绍的过程，确定好应先向客户介绍什么，怎样介绍，同时对介绍的内容做到心中有数，这样面对客户的提问才能胸有成竹。

2.目的明确，逻辑分明

在产品介绍时，销售人员切忌不要追求“面面俱到”。首先，客户没有时间听我们细细讲述产品的各个功能；其次，没有逻辑的介绍会让客户更糊涂。因此，销售人员在产品介绍时一定要先明确自己的目的，明确是为了让客户了解卖点，还是让客户体验新功能。然后，条理分明地列举产品功能。

3.使用明确的语言

有些销售人员在产品介绍时，会不经意地使用一些不确定的、模糊的语言，如“可能”“大概”“差不多”“好像”等，这样的语言会让客户感觉销售人员很不专业、对自家产品不了解，从而大大降低了对销售人员的信任感，进而对产品介绍也持怀疑态度。面对这种情况，销售人员应多使用明确、专业的语言，增强客户的信任感。

4.与客户互动，调动客户兴趣

在介绍产品时，销售人员要不时地与客户开展互动，通过提问、试用等销售手段让客户参与到我们的产品展示中来，这样才能更快地了解客户的想法，并很好地引导客户的思维。通过互动，客户对产品的感受更加深刻，也更加了解产品的特征和优势，从而对产品产生兴趣，激发了购买的欲望。

5.针对客户需求介绍产品

产品介绍并不是越多越好，客户只关心产品带给自己的利益，而不是产品的特点。所以，销售人员在产品介绍时要针对客户的需求，符合客户需求的多说，不符合客户需求的不说或者少说，把产品的特色转换为客户的利益，让客户感觉这个产品的功能能够全面满足自己的需求。

6.通过对比提升产品介绍时的说服力

对比是提升产品介绍说服力的重要手段，销售人员在产品介绍时要以客户的实际情况来做对比，将产品带给客户的实惠算给他听，让客户感同身受。如：“您原来拨打长途电话要0.4元/分钟，如果您使用这个套餐服务，只要0.2元/分钟，为您节省了一半的费用。您上个月的长途话费是66元，如果使用这个套餐，那么只需33元，这不是更划算么？”

7.不断肯定产品优点

介绍产品时，销售人员不断肯定产品的优点时，要自然地问客户：“这个功能能满足您的要求，对不对？”“您觉得使用效果很好，对吧？”如果客户给予了赞同，说明他已经对产品产生了兴趣，愿意购买的可能性也就越大。

# ※ 应在产品展示中着重表现产品价值

产品展示的内容包括该产品的用途、品牌、质量、配置和售后服务等多方面，其中能够满足客户需求的因素体现了产品的价值。产品展示是体现产品价值的一个绝佳方式，客户会通过产品展示发现自己需要的用途、效果和利益，并产生购买意愿。因此在产品展示的过程中，销售人员要将产品的价值作为展示的主要内容。

构成产品价值的几个因素有以下几点。

1.品牌创造高价值

产品的品牌代表着其自身的品质和蕴含其中的社会认可度，是促使客户决定购买的重要筹码。对销售人员来说，产品的品牌并不能由销售人员来确定，但品牌却是可以通过产品展示来渲染的。一个过硬的产品品牌能在第一时间就给客户留下一个值得信任的好印象，有效地打消客户的疑虑，增加成交的可能性。

2.性价比高，物有所值

客户总是抱有这样一种想法，希望自己所要购买的产品，在保证质量的前提下，价格越低越好，即性价比越高越好。因此，在产品展示时，销售人员要充分展示出自己产品性价比高的优势，让客户看到展示的产品与普通产品的明显区别，觉得物有所值。

3.产品卖点，吸引顾客

卖点是产品的精髓，也是它与其他产品的不同之处。独特的卖点具有巨大的市场竞争力，不容我们小看。卖点包括的范围很广，如产品的某些特殊功效、齐全的配套设备、完善的售后服务等，销售人员通过提炼，把产品卖点尽可能多地展示出来，以便在最大限度上吸引客户的注意力。

## ※ 灵活利用产品的特性选择展示方式

产品展示是销售行业中的一种销售手段，销售人员可以通过文字、图片、视频、实物展示等多种方式将产品的特点、功能呈现给客户，与客户形成良性互动，从而达到刺激客户购买欲望的目的。优秀的销售人员知道，不同的产品展示形式能吸引不同的客户，产生的效果也不尽相同，如果运用得当，再配以有技巧的沟通，必然会大大增加成交的概率。

1.文字语言具有感染力

文字语言是重要的产品展示形式之一，它能精确表达出产品的详细信息，让客户全面的了解产品的功能，是销售人员最常用的一种展示形式。

2.图片视频生动形象

图片和视频作为一种视觉展示方式，拥有比文字更深的影响，虽然它没有文字表达的精准，但却能通过专业的图像，从不同的观察视角放大产品的细节，使产品展示的效果更加直观。在眼见为实的心理作用下，客户会更加信服图像展示的效果，并从中了解到产品外貌、材质、颜色等信息。

3.媒体传播提高信誉

在新时代，产品展示的方式还包括一些媒体传播方式，如新闻资讯、广告宣传等。这些形式会在侧面展示出产品的品牌、口碑，从而提升产品的品质，增强客户的信心。

4.个性化展示抓住猎奇心理

在产品展示过程中，除了以上几种常用方式外，还可根据不同产品展开的个性化展示，如街头宣传、发放试用品、邀请客户参观产品制作过程等。这种个性化展示更侧重的是展示产品的品质，起到一个宣传作用，用新奇的方式吸引客户注意力，满足客户的猎奇心理。

# 第13章 言语攻心，把握最具效用的产品劝购技巧

一个善于使用劝购技巧的销售人员能在察言观色间了解客户的需求，逐步突破客户的心理防线，使客户相信购买的产品能使他们获得最大的利益。因此掌握切实可行的产品劝购技巧，对销售人员来说是十分重要的。

## ※ 善用"口碑"为自己推销

一般来说，客户获取产品信息的主要途径有两种，一是企业、媒体所做的各种广告；二是亲人、朋友之间的口耳相传，即"口碑"。然而在激烈的市场竞争时代，华而不实的广告层出不穷，很多广告都存在着"名不副实"的严重问题。这些广告传播虚假信息，夸大产品作用，大大降低了媒体、企业在客户心中的信任度，使得客户对销售人员的介绍也充满疑虑。在这种情况下，客户越来越重视"口碑"的作用。

客户在面对销售人员的劝购时，内心多少会有些疑虑，此时他更愿意听听其他人对这个产品的评价再决定是否购买。根据权威营销机构调查表明：一个满意的客户会将他对该产品的评价告诉他最亲近的朋友，从而引发 8 笔潜在的交易，其中至少有 2 笔可以成交；而一个不满意的客户，他对该产品的评价会影响他身边 25 人的购买意愿。由此不难看出，大众的"口碑"效应在劝购时的作用要远远高于广告等方式。对于广告宣传和朋友推荐的品牌，大多数客户都会轻易接受朋友的建议。因此，聪明的销售人员要学会善用"口碑"的力量，懂得用良好的口碑来证明自己产品的优良品质，从而打消客户的疑虑，促成客户购买。灵活利用"口碑"的力量，不仅能够帮助销售人员快速发掘潜在客户，避开竞争对手的锋芒，还能起到许多广告所不能达到的效果，提高产品劝购时的说服力。

## ※ 巧借工具，让你事半功倍

李先生是一位优秀的电器销售人员，他把他的劝购技巧归结为一条：利用辅助工具达到事半功倍的效果。为了让客户接受他的产品，李先生特意制作了一本"纪念册"。"纪念册"其实是一本很便宜的速描本，里面贴满了许多彩色照片，照片都是曾经在李先生手中购买过产品的客户。这些照片显示着客户及其家人使用产品时的喜悦，也记录着产品带给每一个家庭的巨大变化。李先生常常把这个“纪念册”拿给新客户欣赏，代替了平淡、枯燥的说明。很多客户本来对是否购买还心生犹豫，在看到“纪念册”上人们开心的笑脸后，纷纷被感染了，很痛快地决定了购买。

销售人员在与客户打交道的过程中，应把握客户的心理，站在客户的立场去销售，灵活利用一切可以利用的工具、资源来吸引客户的注意力。如印刷精美的宣传册，简单易懂的说明书以及照片、录像等，这些辅助工具都能给客户带给新鲜感，在提升了产品的品质的同时，也打消了客户先前的犹豫，使劝购过程达到事半功倍的效果。

## ※ 看人劝购，不同的人有不同的劝购方法

在销售工作中，销售人员通过对客户类型的了解，能够发现哪些客户是有购买能力并且有需求的，哪些是有购买能力但还需要我们去发掘他的潜在需求的，哪些是没有购买能力只是来逛逛的。一些经验丰富的销售人员之所以能够劝购成功，是因为他们练就了一双“火眼金睛”，能够从言谈举止中迅速判断出客户的类型，并对不同类型的客户采用不同的劝购技巧，满足客户的种种需求。

1.客户类型一：谨慎型

这种类型的客户一般都具有经济实力和明确的购物需求，但在购买过程中十分谨慎。有时会一言不发地比较好几件同类型产品，有时又不断地问销售人员各种问题。面对这种客户，销售人员要用专业、规范的服务来取得他的信任，同时在进行产品劝购时，以专家的话或真实的事实来强调产品的优越性，使客户感到真实可信，从而下定决心购买。

2.客户类型二：争论型

有的客户因为自身年龄、阅历的缘故，对事物总会有不同的见解。因此，无论他对销售人员推荐的产品是否了解，总是先入为主以自己的认知来定义产品，驳斥销售人员的不同意见，甚至稍有不慎就会演变成对双方的争论。其实对待这种客户，销售人员一定不要据理力争，要保持客观的心理，

多听少说,对客户的见解要先肯定,再以不卑不亢的态度来讲解产品的性能,此举通常会博得这种类型客户的好感。当他在销售人员面前有了优越感,又了解了产品的好处时,通常会很痛快地购买。

3.客户类型三:犹豫型

这种客户通常是为了满足自己的潜在需求而购买,但还没有明确的意见,他此时所考虑的是“买”与“不买”的问题,而不是“买哪种”。如果销售人员给客户提供多种选择的话,只会使他更加犹豫。但是若放任这种类型的客户好好考虑,就意味着失去了这笔交易,因为他很可能在考虑时而慢慢打消了购买的热情。面对这种客户,销售人员要采用诱导的方式,不断用产品的新奇之处吸引他,让客户感觉接受这件产品会给自己带来很大的益处,趁热打铁,促成交易。

## ※ 利用从众心理刺激客户

在销售过程中,有时会发生这样一种情况,如果有一个客户买了某个产品,围观的人就会纷纷购买,但若没有这第一个购买的人的话,那些围观的人谁也不会买,这是什么原因呢?其实,这就是典型的趋众心理。在趋众心理的刺激下,客户会受他人影响而产生购买欲。可以说,销售人员的每一次销售过程都离不开趋众心理的帮助,因此,有效利用趋众心理也是产品劝购的一项实用技巧。

一直以来,明星、学者、名流等人士一直是许多人模仿和向往的对象,有些客户很愿意购买名人推荐的产品。因此销售人员在劝购的过程中,不妨介绍一下曾经购买过产品的名人,可能会达到意想不到的效果。

在产品劝购时,销售人员要学会巧妙地告诉客户,很多人选择了这个产品,并提供宣传材料、销售量等数据提高可信度。如果这些人中有客户认识的人就更好,当客户知道自己比较亲近的人都选择了这个产品,那么他也会受趋众心理影响,那么劝购就成功了。

趋众心理无处不在,销售人员在平时要注意多观察和学习,从而能够更好地利用趋众心理进行劝购，肯定会大大提高产品的销量。

## ※ 真诚地赞美客户的心灵

“赞美”是改善人际关系中通用的一项技巧，它能最大限度地博得对方的好感，改善双方关系。这项技巧在产品劝购时同样适用，但不同的是，销售人员并不是单纯地赞美客户就可以，而是要将“赞美之辞”与客户的购物动机挂钩。

面对同样一个事物，赞美的方面不同就会产生不同的效果。以赞美客户的汽车为例，如果销售人员只会不停地说“好车，好车”，那么对客户不会起到任何作用，因为车子的好坏是由车子的性能决定的，与客户无关。如果你说“这车保养得真好”，那么客户会感到有些满意，因为我们注意到客户对车子的爱惜，赞美汽车时也肯定了客户付出的心血。若我们再进一步：“您把这辆车保养得这么好，带着家人去哪里都会很放心，您真是一个有责任感的人啊。”相信客户听了这话，会打心底感受到你的真诚，这才是最高层次的赞美。若我们将这种赞美的技巧运用到产品劝购中，势必会满足客户的心理需求，取得很好的销售业绩。

有这样一个案例，有一个图书销售员在客户表现出一点购买意向时，笑容满面的对客户的孩子说：“你的爸爸真好，现在就为你的未来考虑。为了让你学好知识，给你准备最好的生活条件和学习条件，你一定要好好学习，不要辜负你爸爸的一番心血呀。”客户看到孩子一脸感动地望着自己，心中升起一股责任感，马上就买下了这套价值不菲的图书。

通过这个案例我们不难看出，赞美客户的购买动机就是赞美客户的心灵。听到销售人员的赞美，客户无疑会更加肯定自己购买的决心，因此成交就是自然而然的事情了。

## ※ 把握客户的情绪点，抓住劝购时机

销售员小林正在向客户介绍一件性价比很不错的产品。通过全面地了解客户感觉很满意，心里已经打定主意购买。但小林没有觉察到客户的用意，转而介绍另一件产品。这时客户听到小林的介绍，心想可能还会有更好的产品，就打消了购买的想法，继续持观望态度，直到最后什么也没有购买，小林在不知不觉间错失了一次成交的好机会，苦恼不已。

时机对于产品劝购来说是一个关键点，稍纵即逝。如果错过这个时机，那么销售人员想再次顺利促成就有了一定的难度。那么我们该如何判断出劝购的最佳时机呢?

在销售过程中，有三个最佳的劝购时机，一是向客户介绍了产品的重大利益，二是圆满解决了客户的疑虑，三是客户出现购买信号。通常客户在下定决心购买时，心理和行为上都会有一些细微的变化，这些变化就是销售人员要准确抓住的最好时机。这些变化一般通过客户的动作、语言、表情传达出来，当客户开始主动询问商品的详细信息及价格等问题，并主动观察产品，参与到产品试用过程中，这说明客户已经动心了。当客户脸上显出高兴、思考等专注的神情时，销售人员一定要立即劝购，因为此时是客户内心情感波动最激烈的时候。销售人员的一句话，也许就让客户肯定了购买的意图，所以这个时机一定要抓准，千万不要错过。

## ※ 始终掌控销售的主动权

在销售过程中，优秀的销售人员总是会主动出击，主动去了解客户的喜好、需要和要求，引导客户的思想，抓住促成的时机，向客户进行劝购。当客户没有明确的购买意图时，总是会处于一种被动的姿态，很少会主动提出购买要求，倘若销售人员再不主动提出成交的话，那么客户就会一直停留在观

望阶段，难以成交。因此，在劝购的每一个环节，“积极、主动”应该成为销售人员必须具备的服务态度。

有些销售人员对产品劝购抱有一种恐惧心理，害怕遭到客户的拒绝，因此不敢去主动要求客户购买。其实，拒绝是客户的一种本能，是对未知事物的一种抵制，它贯穿在销售的每一个过程中。客户的拒绝并不可怕，重要的是销售人员面对拒绝的态度。我们不难看到，当销售人员不敢主动要求客户购买时，神情之间总会显示有些不自信，销售节奏也就受到影响。在拖拖拉拉的过程中，客户的那一点购买热情也慢慢消失，最后只会以失败告终。

积极、主动的行动是一种促成销售的技巧，这份热情、自信的态度比什么都重要。销售人员光有专业的服务是远远不够的，要时刻主动地去促成客户购买。给客户一个购买理由，让客户变被动为主动，这样才能促使客户下定决心购买。

## ※ 聆听客户的心声，赢得客户认可

在销售工作中，懂得聆听是销售人员了解客户真正需求的最佳方法。然而有些销售人员却错误地认为，舌灿莲花的好口才是销售成功的唯一法宝。当销售人员滔滔不绝地劝客户购买时，心里想的是真正为客户解决问题，还是只想让客户不明所以的购买我们产品？销售不是唱独角戏，客户也不是听众，即使销售人员的口才再好，如果客户不需要，那么他始终都会决定购买的。

聆听是一种劝购技巧，沉默而诚恳的聆听，不但显示了销售人员良好的修养和对客户的尊敬，更给了销售人员充分的时间去揣摩客户内心的真正想法。销售人员可以通过以下几方面来掌握这种技巧。

1.学会复述

认真聆听客户的话，把客户的意思按自己的理解再复述一遍，并向客户确定，这可以帮助销售人员明确客户的想法，避免产生误解。

2.认真思考

当客户在发表对产品的不满意见时，销售人员不要急于反驳，而要集中精力倾听客户的抱怨，从中了解到客户的期望和不满的原因。然后，迅速整理出关键因素，以便在客户抱怨完后做出针对性的回应。

3.肢体配合

在客户讲话时，销售人员可以在肢体语言上进行配合，使客户感觉到你对他的尊重。比如，身体向客户方向稍微前倾；适时地点头，表示赞同；始终保持微笑，表示诚恳的态度；同时，还要适当地提问，表示用心倾听。

在聆听时，销售人员要仔细观察客户流露出什么样的眼神、语气，从而捕捉到客户的想法并给予相应的回应，以此增强劝购成功的概率。

## ※ 手把手教客户正确使用产品

客户购买产品的最终动机，是因为这件产品能够满足他的需求，也许这件产品能帮助客户解决生活中的某种难题，所以客户才会迫切地需要它。但有些销售人员在产品劝购时，只让客户购买，却没有教会客户怎样使用，从而导致客户对产品功能认识不够，因此认为自己不需要这种产品。

小威是某品牌油烟机销售员，有一天，一对夫妇到他所在品牌专柜看了看产品，却一言不发。小威热情的上前打招呼："您好，您需要什么样的产品，我帮你参考参考。"那对客户并没有理睬小威，女客户对男客户说："咱以前用的也是这个牌子的，效果一般，还贵，咱再去别的柜台看看吧。"小威一听，马上问对方购买油烟机多久了，女客户告诉他，她们的油烟机已经买了将近四年了，刚开始效果还不错，但后来效果就不好了。小威想了想，问道："那您有没有拆开涡轮清洗过？长期使用使用会让油烟机的转速降低，定期清理下就可以恢复原状。"女客户似乎很惊讶，反问道："涡轮还需清洗吗？"小威笑了笑，一边熟练地拆开样机的涡轮，一边对这对夫妇说："当然要清洗，油烟毕竟是有黏性的，时间一久电机轴承沾满油污，转速就会降低，会影响您的使用效果。您看，您把这个拆开，拿出里面的涡轮，清洗下，再这样装上。不但不会影响您使用,还能增加油烟机的使用寿命,您来试试。”小威详细地为这对夫妇讲解着产品的每个使用、保养细节,并讲解了新产品的功能及其选取材料和工艺制作。最后,客户表示要到其他柜台看一看,小威虽然有点失望,但还是很热情地送走了客户。片刻,那对夫妇又走了回来,女客户说:“转了这么多家,还是你家这台机子好。我知道了怎么换洗,怎么使用,这样方便多了。”最后那对夫妇购买了小威演示的那款油烟机。

由此可见,教会客户正确的使用产品,让客户亲身体验产品为他带来的便利,也是产品劝购的一个好方法。

## ※ 小动作帮客户作决定

在销售过程中,客户作为被动的一方,不会用“我要买”“我想要”等主动性话语来表达自己的内心欲望,因此,当销售人员确认客户有购买意向时,可以通过一些小动作来帮助客户做出购买决定。

最常用的方法是,当客户不明确表示购买的意图,并顾左右而言他时,销售人员可以一边与客户闲聊,一边很自然地用一些小举动来提示客户确认购买信息,这种方法常常会获得很好的效果。

客户在与销售人员小王谈一项生意,他对小王提出的条件很满意,但就是没有签订合同的意思。销售人员小王一边拿出合同书,一边对客户说:“刘总说笑了,这么好的条件我相信您肯定是很满意的。您看这是合同,您签上字我们明天就能给您发货。”说完,小王好似无意地把签字笔拿出来,递给客户。客户想了想,随即接过小王的笔,在合同书上签上了自己的名字。

行动促成法是产品劝购中最常用的一种技巧,客户在交谈时总会有意无意地透露出自己的真实意愿,但由于其他原因的影响,他会考虑很多,因此不能马上做出决定。销售人员状似无意递过来笔,实际上是给了客户一个信号,让客户能够拿定主意。

## ※ 善用激将法，拿下订单

“这次买二赠一的机会很难得哦！下一次就没有了，您可别错过啊！”这种劝购是每一个销售人员都会使用的，意在刺激客户，促使客户抓住最后的机会，下定决心购买。也许很多客户都听到过这种劝说的话，但奇怪的是，时至今日，这句简单的话仍然能为销售人员带来不俗的业绩。

对于犹豫不决，始终拿不定主意的客户来说，激将法相当有效，是产品劝购过程中必不可少的常用技巧之一。在使用激将法时，销售人员的热情、魄力以及为达到目的所做的积极动作都是不可欠缺的，因为客户是被动的，必须由我们来主动地引导客户一步一步迈向购买的终点。劝购时，销售人员要明确向客户表明一个事实：“如果现在不赶快下决定购买，那么你所希望满足的要求将无法被满足。”犹豫型的客户总是无法决定买或不买，但是当他发现自己已经没有挑选的余地时，那么多半会倾向于购买。激将法的精髓，就是给予客户危机感，让他知道现在正是购买的时机，一旦错过就不会再有。销售人员利用这个技巧可以刺激客户，让他迅速下定决心。

## ※ 劝购成交的小妙招

产品劝购的最后一道关卡，就是要销售人员抓住时机促成客户。销售人员在发现客户有购买欲望后，就要主动提出成交要求，用自信、积极的态度来感染客户，哪怕遭到客户的拒绝，也不要放弃。只要有需求，客户就有购买的可能，在成交的最后时刻，若客户迟迟不能下定决心，那么销售人员可以利用以下几种小技巧，巧妙给予客户适当的建议，帮助他早下决心。

1.直接成交

“我看您真的很喜欢这个产品，您就买回去吧，不要再犹豫了。”销售人员若发现客户的购买欲望很强烈，可以直接要求客户成交。客户处于被动的地位,也许只是在等这一句充满肯定意义的话来帮他下定决心。这种稍显强势的方法,能让客户做出购买的决定。

2.假设购买

“如果您拥有了这件吸尘器,您就相当于拥有了一个得力的生活助手,它能帮助您解决很多家务上的麻烦,同时我们给您提供三年保修,免费上门维护等售后服务。您只要现在拿着这个小票到款台付款,就能拥有这些了。这是您的小票。”这是一个极其聪明的劝购技巧,销售人员假设客户会购买,然后在言语间为客户营造一种已经得到了产品的感受,接下来顺其自然地询问客户如何包装、付款,促使客户下定决心购买。

3.选择成交

“这件红色上衣很适合您平时休闲的时候穿,而黑色的这件很适合一些庄重的场合,您看您想要哪一件?”销售人员向客户提出二选一的选择方案,无论客户选择哪一个,都意味着劝购成功。

4.减少选择

“现在是春天,皮肤很容易干燥,您看中的这款保湿霜就很适合现在用。另外一款美白功能的面霜比较适合冬天使用,现在可以先不考虑。”销售人员从客户候选的产品中排除掉不满足客户需求的产品,无形中减少了客户的选择和犹豫,间接促使客户下定决心购买。

5.感情刺激

“这件衣服是我们这的最后一件了,难得穿在您身上这么合适,相信您爱人看了一定也会夸您有眼光。”适时的恭维和没有存货的刺激,会让客户感到既满足又紧张。为了避免一时犹豫错失这最后一件商品,通常客户都会马上购买。

## ※ 察言观色促成交

小刘是某地板瓷砖的销售人员。有一天,一个四十多岁的中年人带着一位老人来到了她所在的展厅,这时正好中年人走到一旁接电话,老人自己在展厅走了走，最后停在了一款产品面前。小刘走上前去，热情地和老人打招呼。

小刘："阿姨，您喜欢这款瓷砖，是吗？"

老人："嗯，是不错，就是太贵了。"

小刘："阿姨，一看您就是特会持家，一辈子全给儿女操心，什么好东西都舍不得自己用。但是现在您得享福了，孩子们都大了，都孝顺您了。您买自己喜欢的东西，看着就高兴，一高兴那还不舒舒服服的活到二百岁去。"

老人笑了笑，没有反对。

小刘继续说："您儿子带您来，还不是要您挑一个您喜欢的。您看，一分价钱一分货，这款瓷砖虽然价格高，但是它的品质也摆在那呢。国家免检品牌，质量可比那些廉价的杂牌砖好多了。咱可不能花钱买罪受啊，您说是吧。"

老人明显很喜欢听小刘说的话，一直点头。这时老人的儿子走了过来，老人指着这款瓷砖说："这个不错，买这个吧。"

老人的儿子看了看瓷砖，又看了看价签，低声说："这么贵。"

老人没说话，场面有点冷。小刘看老人似乎不太高兴，就笑着对她儿子说："大哥，老人看中一件东西不容易，一辈子都没怎么享受过。我看您也不是在乎这几个钱的人，既然老人喜欢，那就不如买了。老人高兴了，您全家不也就省心了吗？再说这款产品的质量绝对值得这个价钱，您买一个好产品，还不是让全家都舒心吗？"

老人的儿子想了想，最后点头买了这个品牌的瓷砖。

从以上这个案例中我们不难看出"察言观色"的重要性。销售人员小刘先是看出老人对产品的喜爱，其次，通过老人的态度，分析出最后决定购买的大权是在老人手上。接着小刘利用老人都盼望"长寿"的心愿，让老人认同"买自己喜欢的东西，能舒舒服服活到两百岁"的说法，无形中就取得了老人的首肯。当看到中年人对价格的犹豫时，小刘又巧妙地把问题引到"买老人喜欢的东西，让自己省心"，这样一来，客户所思考的就不是单纯的价格问题了，而是"这件产品能满足老人的心愿"。如此一来，客户的责任感、孝顺感一并被激发出来，客户对产品的需求也从物质需求上升到精神需求的地步，成交也是理所当然的事情。

销售人员在日常的销售工作中也要像小刘一样懂得察言观色，懂得找出真正具有购买决定权的客户，然后根据客户的言谈、表情，分析出令客户犹豫的问题，并逐个解决。

## ※ 帮客户打如意算盘

如果销售人员能够充分掌握客户的心理，帮助客户挑选到满意的产品，那么客户自然会很乐意购买，这就是优秀的顾问式销售人员和普通销售人员的区别。

有一个客户，在商场看了很久，大多是看了看海尔、海信等国产电器品牌。后来他又来到长虹的展厅，长虹的销售人员很热情地为他介绍，同时购买电视、DVD 机，还会赠送一台音响，总共花费约 8000 元。小李是隔壁 TCL 专柜的销售人员，他看了看这个客户，感觉这个客户是要买这三件套，而且这个价格也能承受，但就是犹豫不买。应该是觉得长虹作为国产品牌，担心质量不过关，因此不敢买。小李在心里默默思量了一番，根据客户的情况想好了一套很适合客户的产品组合。过了一会儿，客户又走到小李所在的展区，看了看 TCL 的电视，不由得说价格太贵。小李马上接着客户的话说："买 TCL 纯平彩电也就 6000 元，更何况 TCL 的品牌是国家免检品牌，质量绝对令人放心。"接着小李拿出产品宣传资料，为客户介绍产品的优势，客户想了想，还是不满意。小李继续说："TCL 的优势是生产彩电屏幕，像 DVD、音响那些附加产品还是专业厂家生产的性价比高。您买一款配套的 DVD 和音响总共还不到 1500 元。加上这电视，一共 7500 元，就买到了两个著名品牌，这样质量才有保证。"客户一听，心下比较了一番，觉得十分划算，索性就没再犹豫，买下了小李介绍的产品。

## ※ 劝购的捷径是取得客户的信任

现如今，诚信已经发展成为一种特殊的资本，如果销售人员能够以自己的诚信服务获得客户的信任感，那么无疑就会对劝购工作起到事半功倍的效果。

有一个销售人员到某农庄销售收割机，到达农庄后他才知道，之前这个农庄主已经接待了十几个销售收割机的人，却没有购买他们的产品。这名销售人员内心很忐忑，但还是决定试一试。在路边上，他无意中看到田间长着一株杂草，没有细想就弯腰把杂草拔除了，而这个小动作恰好被走来的农庄主人看到了。销售人员见到了农庄主，正要说明来意，农庄主却主动说："我知道你的目的，你不用多说了，你的收割机我买了。"这名销售人员非常诧异，急忙追问理由。农庄主人说："你的行为告诉我，你是一个有责任感的人，因此值得我信赖，更何况我确实需要一台收割机。"

在产品的品质和服务的差异化越来越小的市场中，客户的信任显得越来越重要。销售人员也逐步认识到，竞争的核心已经从"产品质量"转移到销售人员的自身品质。客户在选择产品时，更多的是参考对销售人员的认知，销售人员要想销售产品，首先就要销售自己，销售自己的第一步就是必须赢得客户的信任。取得客户的信任是顺利进行产品劝购的捷径，销售人员要用平和的心态来面对客户，以自身的诚信品质作为对客户的保证，不能有任何贬低其他品牌的言行，否则，就会给客户造成反感，也就打消了客户的购买欲望。

## ※ 摆正心态，万不可急于求成

在销售过程中，一些销售人员往往表现得过于急切，希望客户了解了产品就马上购买，这是不现实的。产品劝购是一项需要耐心的工作，没有耐性、急于求成的销售人员是永远也无法取得成功的。

急于求成的人很难做好销售工作，因为他们缺乏介绍产品的耐心，一见到客户就问买还是不买，被拒绝是当然的事情。真正成功的销售人员往往是耐性十足的，他们知道大多数客户是有产品需求的，只要有需求那么就可以引导客户购买。他们要做的，就是耐心地向客户介绍产品，同时销售自己，销售产品。

在销售的过程中，客户也许对销售员所从事的事业一知半解，或者干脆就存在先入为主的偏见，或者很不习惯接受销售人员的销售方式，因此，他们对销售人员的信任感并不容易建立。这时候，销售人员千万不能急于求成，而要通过自己真诚而耐心的服务，处处为客户着想，帮助客户解决问题，慢慢与之建立相互的信任关系。只有这样，才能真正打开客户的心扉，去了解他的需求，满足他的需求，最终实现销售。

## ※ 给客户合理的考虑时间

小赵是一家电脑公司的销售人员，他正在为一位客户介绍一款机型。客户看完电脑之后感到很满意，但是还是想先和家人商量一下再作决定。小赵一听有些着急，担心客户会改变主意，于是一个劲地催促客户赶快购买。客户见他这么着急，不禁怀疑产品是否有问题，最后还是决定不买了。

其实，当客户说“我需要更多的时间来考虑一下”的时候，他需要的是一种放心、安心的感觉，因为他并不能确定此刻购买这个产品是不是一个好主意。如果销售人员像小赵一样不断催促客户下决定，只会让客户心生不满，最后导致交易失败。正确的做法是，销售人员应尊重客户的感觉，暂缓销售节奏，从另一个角度来引导客户，向客户提出两个简单的问题。

第一个问题：你对产品的哪部分最满意？

第二个问题：接下来我们应该怎么做？

最满意的地方往往是最吸引客户的地方，第一个问题让客户回忆起自己对产品的需求，再度刺激了他的购买欲，同时产品所带来的价值也能打消客户的不安，让客户变得安心。第二个问题有助于产品劝购的达成，客户既然肯定了产品的价值，那么接下来就会表达出自己迟迟不能下定决心购买的原因。销售人员可以根据客户的回答来作相应的处理，比如客户担心产品功效没有介绍的那么好，销售人员可以为客户提供试用样品，或者提供另客户满意的售后服务。当客户亲眼见到自己所担心的问题都得到解决时，他才会放心地购买。

## ※ 机智报价诱导购买

价格是销售过程中起关键作用的一个环节。很多销售人员前期介绍产品、推销自己都做得很不错，但是一到报价阶段就会失去客户。价格高了，客户会转而去找低价些的产品；价格低了，客户又会起疑心，觉得厂家以次充好。很多销售人员都是因为掌握不好谈价的技巧，而白白流失了客户，这是十分可惜的。

作为一个优秀的销售人员，在与客户谈论产品价格之前，最基本的准备工作就是要先了解同类产品的价位，确定自己的产品在同类产品中的价位所处的位置，这样才能对客户的疑问有所应对。如果我们的价格比同类产品高，销售人员要告诉客户我们的产品为什么价格高，是产品的质量比同类产品高，还是所用的原材料比同类产品所用的好，更有科技含量，或是节约能源更环保。总之，要让客户觉得我们产品的价格是物有所值的。如果我们的产品处于中档价位，销售人员要告诉客户，我们的产品优势在什么地方，是节省了不必要的浪费，还是采用新型技术。如果我们的产品属于低价位，面对客户的质疑，销售人员要告诉客户我们的产品为什么价位低，是用了新的工艺还是有新的材料。总之，销售人员要讲出产品定价的依据，表明自己报价的合理性。通过这种有对比的说明，相信客户对我们的价格也不会有异议，成交也就是水到渠成的事了。

## ※ 耐心平和地面对客户的挑剔

有一个销售小姐，其貌不扬，也不善于言谈，可她铺位的鞋销售得非常好，很多人都不解，为何客户会垂青于她。后来人们发现，这位女销售人员主要经营女士的鞋，女士买鞋总是喜欢试来试去，这位销售人员不仅不烦，还建议客户再多试几双："没关系，多试几款，总有一款适合你！"面对客户的挑剔——颜色不好、款式难看、做工粗糙，她总是面带微笑说："要不再试一试这双！"所以，客户一直试下去，直到满意为止。即使有的客户试了几双，确实没有合适的，表示不买，这位销售人员还会面带微笑说："没关系，欢迎下次再来！"久而久之，客户对这个销售小姐的耐心服务非常满意，总会买走一双自己还算满意的鞋。

正是凭借着这种对客户挑剔的耐心，这位销售人员才赢得了客户，实现了良好的销售业绩。每一个销售人员都要像这位女销售员一样，以平和的心态去面对每一个客户，耐心地去完成销售任务。不要动辄心浮气躁，以为客户都在挑我们的毛病。

与客户的沟通是一个长久的过程，销售人员要站在客户的角度，善对爱挑剔的客户，因为客户的挑剔正是客户的需求点。其实，正是因为他们喜欢我们的产品或服务才会挑剔。当客户对我们的产品或服务提出异议时，即使客户说的不对或不全对，也不要动怒或反唇相讥，而应耐心地聆听，心平气和地解答，发现客户的关注焦点和需求所在。

## ※ 如何让客户迅速作出购买决定

积极主动的态度，一直是销售人员用来感染客户的法宝，语言作为销售人员的武器，也应该流露出其中的积极性。销售人员要想取得劝购的成功，就要做到积极的正面思考、正面引导，多使用促使劝购成功的话语，使自己从内而外真正积极起来。

下列是促使劝购成功的常用话语，销售人员应该反复练习，直到能够自然出口。对此多加运用，必能使我们的劝购更加出色。

(1)这个产品很容易操作。

(2)您会很高兴拥有它。

(3)它会给您的生活带来很多便利。

(4)您能够了解。

(5)这个产品是能够相信的，它的可靠性很高。

(6)这样可以为您节省大量成本。

(7)请您仔细地考虑。

(8)这个产品的安全性是完全可以放心。

(9)这样是安全的。

(10)您可以从中获得好处。

(11)我想您对这个产品是很感兴趣的。

(12)这个产品有价值。

(13)这是对的，正确的。

(14)有爱心，会被爱。

(15)值得接受。

(16)这是新的，新型的。

(17)这确是事实。

(18)我可以保证。

(19)这个挺生动的。

(20)前景比较乐观。

如果你是客户，听了这些话语是不是会有看一下实物的想法？是不是就有可能准备购买？如果真是这样，我们的劝购就已经很成功了。当然，要做到打动自己、打动对方，多加练习是必不可少的。

# 第14章

# 化解心理异议，通过异议处理扫清成交障碍

当客户对我们销售的产品、提供的服务表示不认同、不赞成，提出质疑或拒绝时，我们应当感到欣喜。有异议说明有欲求，因而销售人员所要做的，就是迅速处理客户异议，解决问题，把客户的异议转化为成交的前奏。

## ※ 客户提出异议是销售中的常见现象

在销售过程中,客户对销售人员服务不满或对产品提出质疑,进而拒绝交易的行为被称作客户异议。很多销售人员对客户异议都抱有负面的看法,对客户的拒绝感到既无奈又恐惧。其实销售就是一份不断面对拒绝的工作,如果客户都自动自发地去主动购买产品,那么就没有了销售人员存在的必要,优秀的销售人员也不会被人们所尊重。

一个优秀的销售人员能从客户表达的这些异议中体会客户的想法,揭示出异议背后的含义。客户提出异议是因为他们想知道这件产品为什么值得购买。正所谓“褒贬是买主,喝彩是闲人”,客户的异议无形中传达出客户对产品的兴趣。通过这些,销售人员能够了解到很多信息,比如客户对产品哪些方面比较关注,客户认为哪些方面不能满足自己的需求等。通过对客户异议的分析,销售人员不难判断出客户对产品是否有需要,还有客户对产品接受的程度,从而能让销售人员迅速修正销售的方法。

没有异议的客户是最难对付的客户,即使他对产品赞不绝口,但就是不买,销售人员也丝毫没有办法,毕竟购买的主动权还是在客户手中。还有一种没有异议的客户,总是漠然地面对销售人员的热情,没有任何回馈,自然也不会对产品产生兴趣。由此可见,没有任何反对意见的人很难会购买产品。

客户的异议是“销售是从客户的拒绝开始”的最好印证,所以销售人员不要惧怕客户的拒绝,要相信,没有异议就没有客户。

## ※ 发现客户的顾虑并巧妙解决

有经验的销售人员知道,客户对产品产生异议正说明他对该产品产生了兴趣,如果处理得当,销售人员可以将客户异议转变为客户需求,顺利地促成交易。因此,我们就要首先弄清楚客户产生异议的原因,然后才能针对原因做出有效处理,最后化解异议,促成消费。一般来说,客户产生异议的原因有三个,分别是来自于客户方面、销售人员方面和产品方面。

1.客户方面的原因

(1)拒绝改变。客户有自己的生活习惯,会对未知的改变产生抵抗。

(2)情绪低潮。当客户情绪正处于低潮时,没有心情进行商谈,容易提出异议。

(3)没有意愿。产品没有能引起客户的注意及兴趣,因此没有激发出客户的购买需求。

(4)预算不足。客户预算不足,因此在价格上产生异议。

(5)百般推托。客户没有决策权,因此不能下定决心购买,只能不断推脱。

(6)隐藏异议。客户抱有隐藏异议,销售人员没有发现。

2.产品方面的原因

客户对产品的价格、品质、等级、功能、包装、服务等因素产生不满或质疑。由于这些异议来自于产品,因此,有些问题销售人员可以通过详细的产品介绍、试用等方法解决;不能解决的,销售人员可为客户提供其他能满足他需求的产品。

3.销售人员方面的原因

(1)销售人员的举止、态度让客户产生反感。

(2)销售人员为了说服客户,夸大了产品功能,结果带来更多的异议。

(3)销售人员的解说太过专业,客户不能有效理解。

(4)销售人员没有把握住客户的需求,盲目介绍产品令客户产生异议。

(5)销售人员的不当展示,令客户质疑产品的功能、价值。

## ※ 客户提出异议,说明有购买意向

当客户对某样产品产生了兴趣,但又拿不定主意是买还是不买时,他们就会提出一些异议。对销售人员来说，这些异议无疑就是客户即将购买的信号，如果处理得当，就很有可能促成成交，因此，销售人员要十分重视客户提出的异议。

客户提出的异议，其实是在向销售人员表示他对产品的了解还不够多，希望销售人员能够提供更好的理由来说服自己购买。如果客户没有任何异议，那很可能是他对产品没有任何兴趣，没有关注自然也不会有交易产生，所以，销售人员要重视客户的异议。当客户提出问题时，要设身处地地站在客户的角度为客户考虑，思考客户为什么会提出异议，客户想要达成什么目的，以此来作为解决异议的线索。

如果客户说“这个产品太贵了，我不买”，就是客户在问销售人员“我为什么要花这么多钱买这个产品，它什么地方值这么多钱”。如果此时销售人员只纠结于表面问题，一直在和客户强调“价格不贵”，那么只会激起客户更大的反感。正确的做法是，销售人员应该抓住客户的心理，告诉他产品的高价确实是物有所值。如：“您说得不错，我们的产品是同类产品中价格比较高的，但销售量却居高不下。您想知道其他客户为什么购买我们的产品吗？”这种先认同再提问的方式，会极大地安抚客户，这样，他才会愿意继续听销售人员说话。此时，销售人员只需把产品的优势展示给客户，得到客户认同，就能顺利化解了客户的异议。若这时再向客户提出成交要求，客户就不会像开始那样强烈反对了。

## ※ 掌握处理客户异议的三大原则

鉴于客户异议对销售人员的重要作用，销售人员在对待这一问题上一定要谨慎，避免因为处理不当而激化客户的情绪，造成无法弥补的恶劣影响。在处理客户异议的问题上，销售人员要坚持一定的处理原则，秉持“客户是上帝”是信念，最大限度化解客户异议，让客户得到满意的回复。

1.客户为中心的原则

销售人员的工作是为客户服务，因此就要落实以客户为中心的基本理念，切不可在遇到与客户意见相左的情况时，不自觉地以自我为中心，非要与客户争论不休，这样只会让情况变得更加复杂。面对异议，销售人员要认真倾听客户的抱怨和投诉，不与客户发生争吵，认真分析异议产生的原因，站在客户的角度思考问题，尽快为客户解决问题。

2.大限度地满足客户需求的原则

当客户提出异议时，说明客户十分关注销售人员的产品和服务，因此，销售人员要迅速查找自身方面的原因，采取切实可行的措施解决问题，最大限度地满足客户正当合理的需求。

3.客户异议当做资源的原则

常言道：褒贬是买主，喝彩是闲人，嫌货才是买货人。挑剔的客户才是忠实的客户，客户提出的异议能够帮助销售人员改进工作中的不足，因此，我们应该把客户异议当做一种宝贵的资源，并感谢提出异议的客户。

## ※ 应对三种类型的客户异议

正确处理客户异议可以帮助销售人员增加成交的概率，但前提是销售人员必须分清客户异议属于哪种类型。只有正确、客观地认识到异议的类型，销售人员才能在面对客户异议时保持冷静、沉稳的态度，从中辨别异议真伪，发现客户需求，把异议转换成一个销售的机会。大体来说，客户异议分为三种类型。

1.真实的异议

真实异议的产生，说明客户确实有心购买产品，但却对产品的某些细节不满意，因而提出了自己的质疑，这些异议是真实有效的。销售人员可以从这些真实的异议中了解到客户拒绝的真正原因，再结合具体情况做出妥善处理。比如，客户对产品的功能提出异议，销售人员可以从中看出客户还是比较满意产品的，只是对产品的具体的功能不熟悉，担心不会操作。在这种情况下，销售人员应主动邀请客户参加产品的试用或演示体验，针对性地补充说明产品功能的有关信息，打消客户对产品功能的疑虑。正视客户的异议，并为客户提出解决问题的办法，才是正确解决真实异议的方法。

2.假异议

假异议通常可以分为两种，一种是指客户用敷衍的方式应付销售人员，这多是因为客户并没有购买意愿，只是用这些借口委婉地拒绝销售人员的推销；另外一种是客户虽然提出很多异议，但这些异议并不是他们真正在意的地方。一般来说，提出假异议的客户并没有太大的购买意愿，因此销售人员在认清这个事实后应尽快结束销售过程。

## ※ 化解客户不满的技巧

在销售过程中，销售人员因对客户异议处理不当而引发矛盾的情况时有发生，究其原因，大部分是因为销售人员处理技巧不到位，使得客户十分不满。这不仅影响了销售人员的工作，也无形中错失了很多极有可能成交的准客户。其实，销售人员如果能够在处理客户异议时注意以下几个技巧，就能有效化解客户的不满情绪，取得意想不到的服务效果。

1.技巧一：态度真诚，倾听客户发泄

当客户提出异议时，销售人员切忌与客户争论，无论客户发表什么意见，都不要打断客户。客户通过发泄可以消除内心的不满，此时销售人员只需用真诚的态度倾听即可。倾听时，适当运用认可的表情、前倾的姿势等肢体语言与客户交流，让客户知道你在认真倾听。当客户的"发泄"情绪告一段落时，销售人员再向客户表明诚心接受客户的意见，当客户慢慢平静下来后，销售人员就能更好地与客户沟通，以便顺利解决异议问题。

2.技巧二：理解客户，不评论客户意见

当客户对销售人员提出异议时，此时他与销售人员正处于"敌对"情绪中，若此时对客户提出的意见妄加评论，很容易招致对方更大的不满。因此，销售人员要站在客户的角度来思考问题，无论客户提出怎样的异议，都要用热情、友好的态度来回应，并表示自己十分理解客户，并愿意为客户解决问题，最大限度地平稳客户的心情。

3.技巧三:仔细倾听,为客户解决问题

当客户的心情平稳下来后,销售人员要认真仔细地记录客户反映的问题,并问一些开放式问题来了解客户的想法,如"这件事您想得到什么结果?"通过这些提问总结出客户产生异议的关键问题,并加以解决。要避免使用激化客户情绪的言语,如"不可能""这是你的问题",多使用"我能理解""给您添麻烦了"等化解客户不满的词语。

4.技巧四:真诚道歉,挽回客户信任

销售人员要尽最大努力挽回客户的信任,尽量减少客户对自己产品和服务的不满,无论处理结果如何,都要真诚地对客户表示歉意,多使用协商性词语,如"对不起,给您添麻烦了。您看这个问题这样解决怎么样?"在这种态度感染下,客户才能心平气和地与销售人员讨论如何解决异议,并达到最终解决问题的目的。

## ※ 避免争辩,否则你只能失去客户

在销售行业中,客户对产品的了解远不如销售人员专业,因此提出各种各样的异议在所难免。在销售人员看来,也许有的异议反映了客户对产品的误解,难免会产生纠正客户看法的冲动。但是我们要知道,与客户争辩并不是解决客户异议的好方法,即使销售人员最终取得争辩的胜利,也会在无形中伤害客户的尊严,造成失去客户的结果。这只能说明这是一场失败的销售。

对于比较敏感的客户,销售人员要谨慎自己的言辞,面对客户的异议,不要急于辩解,只要指出事实即可,更不要针对客户本人发表评论。在处理客户异议时,始终抱有肯定客户意见的态度,以建立客户的自信心。如果遇到"为反对而反对"的客户时,销售人员若认真处理异议,不但费时费力,还会引发其他麻烦。其实这种类型的客户并不是真的想要解决问题,他只是想要表达自己的想法,并得到销售人员的认可,面对这种情况,销售人员只要面带笑容地同意客户的观点就好。

无论是什么人，当自己的意见被别人直接反驳时，内心总是会产生不满，甚至会激起愤怒，客户也是如此。争辩不能改变客户对事物的认知，反而会激化客户的不满情绪，让销售人员之后的工作更加困难。因此，销售人员最好不要直接反驳客户的意见，以认同、安抚的态度来对待客户，避免与客户发生争论。

## ※ 避免争辩的秘诀

销售人员在处理客户异议时，不可避免地会向客户解释一些问题，如果不注意细节，就会在无意中激怒客户而不自知，使得情况渐渐恶化。其实，这些都是可以避免的。

人们经常会挂在嘴边一个词，用来区别自己与对方的用意不同，这个词就是“但是”。这个转折词语具有否定先前所说意义的功能，如果销售人员在客户的言论后再加上“但是”这两个字，无形中就否定了客户的意见，会令客户心生不满。如“您说得不错，这个产品确实存在这个问题，但是……”这种转折会激起客户的抗议和不满，很容易引发双方的争辩。因此，销售人员要尽量避免使用。解决这个问题的办法其实很简单，秘诀就是把“但是”换成“同时”。

“我很尊重你的观点，但是……”

“我很理解你的心情，同时……”

从上面两句话我们可以看出，这两个词都是以同意对方观点为前提，然后提出自己的观点。所不同的是，“同时”更多地表示对客户意见的肯定，因而不会造成客户的抗拒心理。

销售人员懂得利用这个秘诀，才能在坚守原则的立场下，既充分表达了自己的观点，又不会激起客户的反感，这是一种非常高明的沟通技巧。优秀的销售人员知道，说服客户接受我们的建议是很难的，但是让客户肯定他自己的意见却容易得多。销售人员只要能找到双方都认同的观点，然后自然地引导客户，就能有效避免与客户争辩的场面，使异议得到圆满解决。

## ※ 用何种态度面对客户异议

异议就是客户对产品或销售人员的服务产生的质疑或不满，这在销售过程中是难以避免的事。销售人员不要反感客户提出异议，反而要以积极、主动的心态去面对，在解决异议时，销售人员要十分注意自己的态度。

1.态度一：真诚相待，热情欢迎

销售人员在听到客户提出异议后，应保持冷静，切不可急于与客户争论。客户提出异议是对我们工作的一种考验，销售人员应以真诚的态度欢迎客户提出自己的意见。如："很高兴您能对我们的工作提出意见，给您带来的不便，非常抱歉。"

2.态度二：认真倾听，了解问题

客户提出异议时，销售人员应认真倾听并承认客户的意见，以此表示对客户的尊重，同时了解客户产生异议的原因，必要时可询问客户，了解客户的想法。

3.态度三：谨慎处理，保持友善

销售人员对客户所提出的任何异议都需要谨慎处理，避免矛盾激化。一般来说，客户对产品产生异议，销售人员应以亲切、友善的态度回答客户的疑问，并辅以相关数据、资料做证明，打消客户的疑虑，让客户得到满意的答复。若遇到销售人员无法解决的问题，应先向客户道歉，再据实相告，切忌敷衍客户。

## ※ 处理客户异议的基本方法

客户异议是销售人员每天都要面对的问题，如何得体地处理好，关系到每一个销售人员工作成果。以下是一些处理客户异议的基本方法，掌握这些方法能够最大限度地降低客户的反感情绪，使那些异议得到顺利解决。

1.预防异议法

这种方法要求销售人员对客户的需求十分了解，在客户提出异议前就将客户可能疑惑的问题提出来，并做出合理的解答。这种方法以预防为主，销售人员应看准时机，提问、回答自成一体，让客户感觉合情合理。

2.真诚倾听法

当销售人员对客户提出的异议无从下手时，倾听无疑是最好的方法。客户在诉说不满的同时不仅能发泄出愤怒的情绪，还能给我们提供很多可以利用的信息。销售人员要真诚地倾听，适时做些引导，待客户发泄完后，再诚恳地为客户解答问题。

3.间接否认法

若异议是由于客户的成见引起，那么间接否定法是最好的选择。使用这种方法时，销售人员要先肯定客户提出的异议，以免客户产生抵触情绪。然后再陈述自己的观点，其间辅以大量的事实来增强说服力，使客户更容易接受销售人员的说法。

4.询问引导法

当客户提出异议后，销售人员应以友好的态度主动询问客户，引导客户在不知不觉中否定自己提出的异议，继而同意销售人员的观点。值得注意的是，使用这种方法时销售人员要由浅入深、循序渐进地提问，切不可急于求成，以免失败。

5.直接反驳法

通常客户对产品产生误解而导致异议产生时，这种方法能快速、有效地解决问题。但销售人员要注意，避免因反驳客户观点而引起客户不快，态度要亲切、热情，用以反驳的根据必须是合理的、科学的，这样才具有说服力，同时又可以让客户感受到你的自信，增强他对产品的信心。

## ※ 三点须知帮你解决客户异议

销售人员在解决客户异议时，常常会不知从何下手，不知怎样解决。其实只要了解以下三点，就不难了解客户的心思，处理起来也就简单得多。

1.了解客户的真正需求

客户所提出的异议，每一条都是围绕着他的真实需求展开的，要想彻底解决客户的异议，销售人员首先要了解客户的真实需求是什么，只有满足客户的需求才是真正解决客户异议的办法。

2.分清客户需求的主次

客户的需求从来都不是唯一的，销售人员要想解决客户异议，就要先分清客户需求的主次，找到客户最关心的问题。接下来在按照从主要到次要的顺序，逐个解决。

比如：当客户抱怨产品的价格太高，使用方法又很复杂时，销售人员从中可以看出，客户表面在纠结价格和操作的问题，实际上对产品还是很满意的，否则不会花如此多的精力去了解产品的使用方法。因此，不难确定客户最主要的需求是“产品的实际功效”，其次是“产品价格”，最后是“产品操作”。解决这个异议时，销售人员可先向客户强调产品能为客户带来的好处，这是最能打动客户的因素；其次，就价格问题向客户解释产品的功能、效用完全值这个价格；最后，详细地为客户演示使用方法，让客户熟练操作。由此，客户的异议能得到完满的解决。

3.询问异议产生的原因

很多时候，客户不会主动告诉销售人员自己的真实想法，因此销售人员很难了解客户的真实需求和需求间的主次关系，这也为我们解决客户异议带来了很多麻烦。因此，销售人员要通过不断地询问来确认客户产生异议的真实原因。客户提出任何疑问，销售人员都要仔细揣摩客户言语间透露的信息，交替使用开放式和封闭式提问来确定客户所表达的意思。如：“您是说您对这个价格不满意，是么？您觉得价格太高了，是么？”“您认为这个产品不适合您，那您希望选择一个什么样的产品呢？”一般客户都无法拒绝销售人员这种善意的提问，他就会把自己的考虑、需求和不满统统道出，销售人员也就了解了自己需要的一切信息。接下来，只要按照正确的处理方法去解决，那么成交也就成为顺理成章的事情。

## ※ “认同”客户，有利于解决异议

在处理客户异议的过程中，销售人员的“认同”态度总是能起到意想不到的效果。无论客户提出多么尖锐的责难，在面对销售人员说出诸如“你说得很有道理”“我理解你的心情”“我认同你的观点”这类带有肯定、认同的说辞时，总是会不自觉地降低了抵抗的心理。然而销售人员要清楚，“认同”并不等于“赞同”。认同是指我们对客户感受的认可，表示对客户的理解之情，但并不表示销售人员同意客户的看法。“认同”的态度有利于销售人员解决客户异议，它能在不知不觉间淡化双方的冲突，很自然地将当前问题转化到解决方法上。

客户：“我买不起，你的产品价格太高。”

销售人员：“王先生，我完全了解你的感觉。别人第一次看到我们的价格时也这样觉得。但是他们在同类市场比较过一番却发现，我们产品的质量、售后服务绝对是最好的，值这个价钱。毕竟我们买东西都想买个舒心，谁也不想花小钱受大罪，您说是不是？”

当客户提出异议时，销售人员要先认同对方的感受和看法，同时配以“点头”“微笑”等动作向客户传达自己对他的肯定。然后，引导客户到中立的立场，这样就能顺利解决客户的异议。

## ※ 把握处理异议的时机

对销售人员来说，客户提出的异议并不全是对产品的否定，其中一部分是可以转化成交易契机的。社会学家调查研究表明，优秀的销售人员遇到“难以解决异议”的概率是普通销售人员的 1/10。这是因为他们不仅能够对客户提出的异议给予比较满意的答复，还能够选择最适当的时机来解决问题，变异议为商机。因此，懂得在何时回答客户异议的销售人员必然会取得更大的成绩。

1.时机一:提前解决

在客户提出异议前就解决问题,无疑是消除客户异议的最好方法。实际上,销售人员完全有可能预先揣摩到客户异议并抢先处理。即使客户没有提出异议,但他们的表情、动作和语气都能表露出对产品的不解和疑惑,销售人员觉察到这些,就可以抢先为客户作出解释,打消客户的疑虑。这样可使销售人员争取主动,先发制人,从而避免因纠正客户看法,或反驳客户的意见而引起的不快。

2.时机二:立即解决

当客户异议是由客户的不了解、误解而产生的时候,销售人员一定要抓住时机马上解决。同时辅以专业的服务来为客户说明,取得客户的信任。这样才能在最短的时间内消除异议对客户的影响,并刺激客户产生购买欲望,促使交易成功。

3.时机三:稍后解决

有些特殊异议销售人员不便解决,可以暂时保持沉默,留待以后解决。如异议表达含糊、令人费解;异议涉及较深的专业知识,不易马上解决等。

## ※ 常见的六种客户异议与解决技巧

以下是常见的六种客户异议表现形式,每一种都有其对应的解决办法。销售人员在与客户交流时可以依据不同形式来判断客户的真实想法,并采用不同的方法去解决异议。

1.沉默型异议

客户在整个销售过程中始终保持沉默,对销售人员的介绍不发表任何看法和意见。这是最难解决的一种异议,通常客户这种反应就说明他对产品没有任何兴趣。此时销售人员要做的就是引起客户的兴趣,多问客户一些开放式问题,引导客户多谈谈自己的想法,从中发现客户的需求。

2.借口型异议

通常客户会告诉销售人员“你的价格太贵了”“好吧，我再考虑考虑”“我回家商量一下”等，这些都是客户拒绝销售的借口，因为他们并没有对产品产生兴趣。销售人员要做的，就是巧妙转移话题，将客户的注意力吸引过来。如：“您提出的这些问题，我知道非常重要，待会儿我们可以专门讨论。现在我想先用几分钟的时间来介绍一下我们产品的特色是什么，为什么您应该购买我们的产品，而不是购买其他品牌的产品。”一旦客户对销售人员介绍的产品产生兴趣，那些无谓的借口就会自然消失。

3.批评型异议

有时销售人员会遇到这样的情况，客户以批评产品或公司的方式作为拒绝购买的异议。其实，这是客户对产品不信任的表现。销售人员要做的，就是先分清客户的这种批评是真心的还是随口一提。如果客户确实把这种批评作为考虑购买的重要因素，那么销售人员应先认同客户的想法，再重点强调产品之后的改变，改变客户的旧观念。若客户只是随口一提，销售人员也应拿出产品质量保证的证据，打消客户的疑虑，坚定客户的信心，让客户认为买我们的产品物超所值。

4.问题型异议

问题型异议是产品销售时最常见的一种异议，客户因为对产品充满了兴趣，因而会不断提出各种问题。如果处理得当，客户很可能就会产生购买意愿。因此，销售人员首先要对客户表示认可和欢迎，如：“我非常高兴您能提出这样的问题来，这也表示您对我们的产品真的很感兴趣。”然后，认真细致地回答客户的问题，适当的时候主动向客户要求成交。当客户的所有疑惑都被解开时是最好的成交时机，销售人员一定要把握这个机会。

5.主观型异议

这种异议通常带有大量的主观色彩，可能是销售人员没有处理好某些细节，因此招致客户的不满。为了解决这种异议，销售人员要做的是赶快重新建立亲和力，多发问，多请教，让客户多谈谈自己的看法，以低姿态缓和客户的不快。

6.价格异议

“你的产品太贵了”,这样的话是客户在销售过程中最常用的一句,它隐含了很多意思:客户希望降价,客户拒绝成交,客户想挑选其他产品等。

价格永远是销售的重头戏,因此销售人员也要有相应的对应措施。销售员要注意,不要在一开始介绍产品的时候就告诉客户价格,而应在最后的时刻再谈到价格问题;在产品介绍时永远把客户注意力放在他能获得哪些利益上;将自己的产品与一些更贵的东西作比较,以此突出自家产品的高性价比。

## ※ 处理价格异议的三原则

价格是在产品销售过程中始终无法避免的一个重要问题,在处理因价格产生的异议时,销售人员一定要遵从以下三个原则。

1.先价值,后价格

对客户来说,最重要的问题某过于所购买产品的价值是否能满足自己的需求,而价格并不是最主要的因素。因此,销售人员若在客户还没有完全了解产品价值前就提出价格问题是很危险的,很可能遭到客户的抵制。正确的做法是,要先摸清客户的需求和想法,然后根据客户的需求和兴趣做产品或服务的价值呈现,在让客户充分看到产品或服务能给自己带来的价值之后再报价。一定要谨记:要先价值,后价格,避免过早地提出或者讨论价格问题。

2.分解价格

在讨论价格时,为了降低客户对价格的抵抗心理,销售人员要把价格分解到每一天的支出和带来的价值。将交易总额细分为许多的小数额,就会使客户比较容易接受产品的价格。

3.用不同产品的价格做比较

面对客户提出的价格异议,销售人员可以用同类产品的价格资料做对比,用事实说服客户,让客户知道我们的产品价格差异在于自己的优势,是别人无法比拟的。而且这些优势对客户来说至关重要，经过如此一番示范比较，客户就价格所提出来的异议会马上消失。

## ※ 了解客户为什么要投诉

很多销售人员都不愿意正面面对客户的投诉，认为那是对自己工作能力的否定。实际上，客户的投诉才更应该被销售人员重视，因为那是一笔无价的财富。

客户之所以会选择投诉，是因为他自己的购物需求、心理需求没有得到满足，他购买的产品和服务并没有达到他预期得的效果。出于对产品的期望，他选择了投诉。对销售人员来说，这无异于客户主动告诉了我们，我们的产品和服务与客户心中期望值的差距，给销售人员指出了一个改进的方向。我们不能小看客户的投诉，有投诉才代表有客户在关注，没有投诉的产品并不代表客户就没有不满。如果客户认为，与其费尽力气去投诉，不如放弃这个产品，那么对销售人员及产品企业来说，那无疑是巨大的损失。经济学家调查研究表明，开发一个新客户的投入成本是维护一个老客户成本的 5 倍，而一个老客户对产品的评价却能影响他身边的 250 个人。如果销售人员能够正确处理客户的投诉，将客户所担心的问题一一解决，那么客户的投诉势必会转化成非常有价值的信息，帮助企业和销售人员进一步改进自身、完善自身。

## ※ 分析客户投诉的心理

客户的投诉是销售行业十分重视的一件事，如果处理得当，不仅能有效解决问题，还能帮助销售人员更好地完成销售工作。但是面对情绪高涨、抑制力差，特别容易冲动的客户，很多销售人员不知该如何应对，即使处理了也让客户不满意，导致情况更加严峻。客户在投诉时的心理类型主要有三种，销售人员只要明白他们的心理需求，事情就不那么难以解决了。

1. 痛快发泄的心理

这类客户通常脾气火暴，由于之前的产品或服务让他很不满意，通常会带着很大的怒气和抱怨来投诉。一旦他们把自己的怨气、抱怨发泄出来，那些忧郁、不快的心情就会得到释放和缓解。销售人员千万不要在此时与客户争吵、激怒客户，应始终报以热情、友好的态度倾听客户的投诉，以维持客户心理上的平衡。

2. 渴求尊重的心理

这类客户通常情感十分丰富，他们在投诉时并不会大吵大闹，而是希望自己的利益受到重视，希望别人能够承认他的投诉是有道理的。对他们来说，销售人员表现出的尊重和理解之情才是他们最需要的。面对这种类型的客户，销售人员要体现出重视和尊重，不仅要正式向客户道歉，还要立即对客户采取相应的补救措施，以自己的实际行动来表示对客户的重视。

3. 希望补救的心理

客户投诉的目的在于补救，补救包括财产上的补救和精神上的补救。面对这种心理类型的客户，销售人员要做的就是迅速了解客户的情况，最大限度地挽回客户受到的损失。

## ※ 常见的六种客户投诉类型与解决方法

在我们的日常销售工作中，总是会出现一些客户投诉，若销售人员没有处理好客户的问题，自己的销售就会大打折扣；但若处理得好，这些客户往往会对销售人员产生好印象，连带着成为我们产品口碑的传播者。以下是六种投诉客户的类型，销售人员要针对不同类型的客户采取不同措施，以求完美解决客户投诉问题。

1. 易怒的客户

这种类型的客户脾气比较暴躁，针对这样的客户，销售人员要“以柔克刚”，通过沟通来解决问题。一般来说，这类的客户最容易成为产品忠实的口碑传播者，所以，销售人员不要吝啬自己温暖的语言和道歉，以自己的服务来挽救客户对产品的印象。

2.古怪的客户

这种性情的客户通常都是难以琢磨的，销售人员很难搞清楚客户究竟在想什么，与其一直猜测客户的心思，不如顺其自然。面对这种类型的客户，销售人员要多提问，鼓励客户多与我们沟通，以便从客户吐露的信息中寻找解决的办法。

3.霸道的客户

霸道的客户与易怒的客户有一点不同，虽然脾气都不是很好，但霸道的客户会在投诉时强词夺理，时刻标榜自己的“上帝”地位，以此来提出一些不合理的要求。面对这种类型的客户，沟通、说服都不会起太大的作用，销售人员要按制度办事，用自己的专业服务来打消客户的不合理想法。

4.温和的客户

这种客户总是不温不火地向销售人员反映自己的不满。销售人员不要看客户态度好就随便的敷衍了事，这种温和型客户通常具有一定的知识，才能如此有把握来投诉。销售人员要以十分专业、认真的态度来为客户解决问题。若处理得好，也许客户会给我们带来很多意想不到的收获。

5.低素质的客户

服务行业经常会遇到低素质的客户，由于他们没有正确地认识产品，不懂得如何使用，遂而与销售人员大吵大闹。面对这类客户的投诉，销售人员千万不要与客户争执。解决的最好办法就是尽快了解客户不满的原因，为客户解决问题，帮助客户正确使用产品，以此来化解客户的愤怒心理。

6.唠叨的客户

这种类型的客户出于对销售人员的不信任，在投诉时总是会反复强调自己的问题，要求销售人员为其解决。如果没有得到自己满意的结果，就会一刻不停地重提自己的要求。针对这种客户投诉，销售人员不能表现出不耐烦的神态，要始终认真地听客户倾诉，在客户每一次提出疑问时，都用肯定的语气表示会为客户解决问题，让客户安心。

# ※ 解决客户投诉的几大要点

客户选择投诉,主要是因为我们的产品或服务上出现了问题,对客户的生活造成了影响。但是由于销售人员与客户分立与不同的立场,因此难免对引发投诉的原因也会有不同的看法。事实上,造成客户不便的原因可能是因为产品质量问题,可能是销售人员服务原因,也可能是客户使用不当的原因。无论原因出在哪里,迅速有效地解决客户投诉的问题才是最关键的。以下几个要点能够帮助我们快速、有效地处理好客户投诉。

1.迅速处理

如果客户所投诉的问题是在服务的过程中发生的,那么销售人员要做的第一点就是迅速处理客户反应的问题,实现充分的补救。即使真正解决问题需要很长时间,销售人员对客户投诉做出迅速的反映仍然非常重要。

2.不辩解,不争论

在客户投诉的问题原因调查清楚之前,销售人员不要急于与客户辩解。辩解太多可能表明销售方要隐藏某些事情或不愿意充分披露整个情况,让客户认为我们在逃避责任。销售人员此时唯一要做的,是收集事实信息以找到双方都能接受的解决问题的方案,而不是与客户争论不停。与客户争论孰是孰非,不仅会阻碍我们聆听客户的意见,也不能平息客户的不快,只会让情况更加糟糕。

3.让客户了解进度

在投诉后,客户最关心的是自己反映的问题该如何解决。如果这个问题不能当时解决,销售人员应主动告知客户处理投诉的进度和正在采取的修正措施,避免客户产生焦虑和紧张的情绪。

4.挽回客户的信心

客户投诉时销售人员面临的最大的挑战是怎样恢复客户对产品的信心。这不仅需要销售人员专业、细致的服务,更需要以真诚的态度来感染客户,让客户相信我们正在采取行动,避免问题的再次发生。

## ※ 正确处理投诉比“对不起”更有用

有一些销售人员对于客户的投诉十分头疼，把这当成一件难以解决的事情。因此，在对于客户的态度上和处理投诉事件的方法上都显得极为不妥，不是与客户争论激化矛盾，就是敷衍式的道歉，无形中降低了客户对产品的信任度，对产品声誉也造成了很坏的影响。投诉是客户保护自己合法权益的一种处理方式，他希望自己的意见能够引起企业的重视，自己的问题能够得到有效解决。对客户来说，再真诚的道歉都比不上切实有效的处理方案更重要。因此，正确处理客户的投诉才是销售人员首要解决的问题。

销售人员若想提高自己的服务水平，就必须要先处理好客户的投诉，将其转化为提高服务质量的良机。有些销售人员总是用“对不起”来打发激动的客户，以为不断地道歉就能将问题解决，实际上，敷衍式的“对不起”对于解决客户问题没有任何实质性的帮助，反而会让客户更加失望。对企业来说，客户的投诉是最好的信息，销售人员没有理由回避。然而正确处理客户投诉并不是一件容易的事，如果对客户投诉处理不当，势必会引致不满，发生纠纷。因此，只有找出问题所在，满足客户的需要，消除客户的不满，才能让客户重新信赖销售人员。

因此，我们应该正确对待客户投诉的问题，这不仅仅是解决客户的问题，更是对销售人员的严峻考验。处理好客户的投诉问题，会给我们带来很多意想不到的收获。

# 第15章

# 攻克心理堡垒，巧妙促成最终的交易

在销售工作中，销售人员不要奢望一下子就让客户同意实现成交。我们要做的，是一步一步地引导客户，让客户慢慢了解我们的产品，然后逐渐增强他们的购买欲望。在实现成交的过程中，有一些小技巧可以帮助我们解决客户的不满和疑虑，有条不紊地引导客户产生成交的意愿，最后顺利完成销售工作。

## ※ 激发客户的购买欲，让客户立即成交

销售是一个买卖双方互动的过程，客户作为销售过程中被动的一方，他对产品的所有认识都来自于销售人员，因此，销售人员的责任显得尤为重要。销售人员不仅要将产品的信息有效地传达给客户，还要通过一系列技巧激发客户的兴趣。只有客户对产品产生了强烈的购买欲，这场交易才有可能顺利完成。以下几种方法可以帮助销售人员激发客户的购买欲。

1.让客户看到优势

客户毕竟不是专业人员，如果销售人员不能让客户看到产品在市场中具有的独特优势，那么就很难引起客户的注意。产品的优势有很多方面，例如过硬的质量、低廉的价格、良好的口碑等，销售人员不仅要心中有数，还要把这些优势尽数告诉客户，让他在心中认定这个产品与其他产品不同，这才能发挥产品的优势力量。

2.向客户请教意见

市场上有多少客户就会有多少种需求，不同的客户因需求不同，对同一种产品也会产生不同的兴趣。面对这种情形，销售人员不能采用千篇一律的方法去对待，最好主动向客户请教，询问客户的看法，然后根据客户提出的具体意见向客户推荐最符合其需求的产品。这种做法可以有效摸清客户的实际需求，让客户把更多的注意力放到产品上。

3.帮客户解决问题

通过与客户的沟通，销售人员能对客户的基本需求有一定的了解。如果我们的产品能够帮助客户有效解决问题，那么销售人员就一定要抓住这个优势告诉客户，并通过试用、演示等方式让客户亲身体验。当客户切身感受到产品带来的便利时，他内心就会产生强烈的购买欲望，这时交易就很容易达成。

## ※ 善于引导，让客户主动提出成交

客户在做出成交决定前，往往要考虑很多因素，其中不仅涉及对产品的实际需求，还关系到其他一些情况。因此客户不会在一开始就做出肯定的购买决定，而是要反复思量，此时销售人员如果能够适时引导客户，帮助客户下定决心，成交自然就是水到渠成。但是引导客户产生成交意愿并不是一件简单的事，这需要销售人员有十分清晰的销售思路，有目的地去引导。

我们都知道，销售的最终目的是成交，但是让客户同意成交却还需要一个循序渐进的过程。如果销售人员没有一个明确的引导思路，不能一步一步地引导客户接近成交目标，那么客户就更难以做出成交决定。因此，销售人员要按照以下三个方面来引导客户。

1.分析客户需求，抓准客户心理

销售人员每天都会遇到很多客户，每个客户的反应都不一样，有的客户需求旺盛，急于购买；有些客户明显对产品有所了解，总是慢慢挑选；有些客户因为不了解产品，内心疑虑比较多，迟迟不能决定。销售人员要做的，就是从客户的举动中挖掘出他的真正需求，若不能做到这点，那么之后的销售工作就很容易偏离方向。

2.分解销售资源，引发客户兴趣

当销售人员把握住客户的需求后，就要对自己的销售资源进行相应的分解，销售人员必须知道自己要从哪开始引导客户，用什么来吸引客户。“物美价廉”“操作简便”“经济实用”等都是引导客户产生兴趣的关键。

3.引导客户成交，避免结果偏差

在销售过程中，销售人员要时刻注意客户的反应，根据与客户的互动效果来判断客户的意图，逐步进行引导，最终实现成交。如果发现客户的反应与自己预期中的效果出现偏差，那么就要迅速调整自己的销售步骤，重新确认客户的真正需求。

## ※ 即使被客户拒绝，依然蕴含着成交的机会

在销售过程中，客户作为被动的一方，总是保持小心谨慎的心态，面对销售人员提出的成交请求，他总是有十分充分的理由拒绝，因为他们不知道在这场交易中自己能够得到什么。如果销售人员细心一点就会发现，客户的拒绝往往能够透露出他真正的需求，而只有满足了客户的需求，客户才会心甘情愿地购买我们的产品。

面对销售人员热情的服务，如果客户表示自己不愿意购买，那必定有致使他拒绝的因素。销售人员要做的，就是从客户的拒绝中挖掘商机，并加以利用，以此作为吸引客户购买的筹码。如客户表示不喜欢这个产品的颜色，所以不愿意购买，那么销售人员就知道客户对产品的外观、颜色有特殊的要求。当销售人员了解到这一信息后，就可根据客户的喜好为客户推荐产品。

## ※ 了解客户的预算，做到心中有数

在客户考虑是否购买的诸多元素中，至关重要的一点就是价格，即使产品、服务都让客户满意，若价格超过客户预算太多，客户心有余而力不足，依旧是无法成交的。

为了保证自己付出的代价能够换来切实有用的回报，客户在购买产品的过程中，总是十分小心谨慎的，尤其是一些价格比较昂贵的产品，他们都会提前进行考察、了解，然后在自己预算承受范围内选择一个性价比最高的产品。若客户没有考虑清楚，那必然会拒绝销售人员的成交要求。

因此，销售人员若想要促成与客户的交易，就不能盲目地为客户介绍产品。销售人员要先对客户的接受程度进行估算，对客户的预算做到心中有

数,然后通过细致、周到的服务去了解客户的需求。设身处地为客户考虑,将客户所担心的问题一一处理好,并针对客户的支付能力和购买需求来展开销售工作。当销售人员通过产品的质量和自己的表现赢得客户信任时,实现成交将不再是难题。

## ※ 对客户要有所保留

在销售过程中,客户总会抱有这样一种想法:只要自己不断争取,就一定能多争取到一点利益。即使销售人员提出的成交条件已经让客户很满意了,他们仍然会期待可以再多得到一些。因此,销售人员若想要达成交易,势必要了解客户的这种心理,并适时的调整自己的成交技巧,以免在销售过程中过于被动。

为了促成客户成交,一些销售人员会全面地介绍产品所具有的竞争优势,并把自己所能提供给客户的优惠全部告诉客户,希望以这些利益来吸引客户购买。其实,太早地告诉客户这些利益并不能积极促成成交,甚至反而会不利于成交的顺利实现。有些客户出于经验,知道只要自己不断争取,就能迫使销售人员不断做出让步,从而得到更多的利益。如果销售人员在一开始就把自己所能提供的优惠统统告诉了客户,那么在客户讨价还价时,就已经没有可以给予客户的优惠了。可是在客户看来,他并不会认为销售人员已经达到了极限,只会认为销售人员十分古板、小气、丝毫不肯退让,最后,甚至会放弃这个产品,转而去购买其他同类产品。

对客户有所保留,并不是对客户的欺骗,这只是一个促使客户成交的技巧。为了保证销售人员在销售过程中能够始终居于主动地位,销售人员要适当保留一些对成交有利的信息,当客户进一步提出要求时,就可以利用手中保留的筹码打动客户,让客户高兴地购买我们的产品。

## ※ 争取来的利益让客户更满足

在销售过程中,客户总是希望从销售人员那里得到更多的优惠。销售人员可以利用这一点使用一个小技巧,即,当面对客户的讨价还价时,销售人员故意表现出一副十分为难的样子,让客户认为销售人员的让步是通过自己不懈的努力争取才得到的。虽然让步不会很大,但这会大大满足客户的内心,同时坚定客户购买的决心。

实践证明,即使成交的条件相同,客户在不同情况下仍会产生不同的心理,而这种心理正是客户决定是否成交的关键。假如在一开始销售人员就把产品的最低价告诉客户,客户讨价未果,则会因为没有争取到更多的利益而感到失落。反之,如果销售人员在最初介绍产品的时候只提出来一部分条件,然后在客户的努力争取下不断做出退让,即使最后成交的价格高于最低价,客户也会产生很大的满足感。因为,这是他们经过努力争取得来的利益,让他们感到来之不易。

因此,销售人员要了解客户的内心,为了让客户在销售过程中掌握一定的主动,不可过早地将自己的筹码都亮出来。这个技巧可以为销售人员赢得更多的客户,对于促进成交的顺利实现具有十分显著的作用,每一个销售人员都要学会这个小技巧。

## ※ 忽视不必要的异议促成交

客户作为销售过程中的主体,他所提出的异议理当引起销售人员的重视,但有些时候,这些异议却让销售人员无法解决。这些异议也许是由于客户对产品的不了解,也许是双方文化差异的不同,甚至也有可能是客户发泄不满的途径,客户也并不一定真的需要答复。如果一一解决,不仅消费销售人员的时间和精力,在这种情形下,“忽视”这些异议反而会比直接应对的效果好，能起到积极引导客户实现成交的作用。一般来说，这种“忽视”技巧适用于以下几种情形。

1.不需要解决的异议

有时，客户提出异议并不是真的想得到解决，他们只是想借此表达自己的观点或发泄自己的情绪。因此销售人员也不必太过关注客户的异议，让客户痛快地发泄完自己的意见后，将客户引导至之前的销售环节中。

2.无意义的异议

有时，客户提出的异议由于没有一个主要的理由而显得有些琐碎，似乎他只是为了“拒绝购买”而拒绝，虽然提出的异议很多，但其实都是一些细节性的小问题，并不是客户真正拒绝成交的原因。面对这种情况，销售人员只需忽视这些异议即可，因为它们对买卖双方都没有太大的意义。

3.无法解决的异议

当销售人员无法解决客户提出的异议时，“忽视”就发挥了它的巨大作用。在没有绝对的把握说服客户时，忽视问题、转移话题无疑是最好的办法。既然销售人员无法让客户认同，那就索性另辟商机，巧妙地将客户的异议掩饰过去，提出一个新的卖点来吸引客户，让客户渐渐淡忘原来的问题。

## ※ 如何正确运用“忽视成交”技巧

在使用“忽视成交”这个技巧时，销售人员必须要与具体的销售情境相结合，时刻注意客户的反应，不要因为“忽视”过度而增加客户的不满。具体来说，在使用这个技巧时需要注意以下几个问题。

1.不要让客户感到被忽视

销售人员使用“忽视成交”的本意是要把客户的注意力引导到更容易促成成交的话题上，因此在运用这个技巧时，销售人员要尽可能用积极、热情的态度来转移话题，不要让客户感觉到自己是在故意忽视他们提出的意见。

2.对客户的意见给予重视

在使用“忽视”成交法时，销售人员不妨对客户提出的意见先予以赞赏，然后再想办法转移话题，由此让客户感到自己被尊重、被重视。

3.转移的话题有利于成交

当销售人员采用“忽视”成交法淡化客户异议时，往往需要一个新话题将客户引导到有利于促进成交的话题上来，所以销售人员要尽可能选择那些自己有能力把握的、客户也比较感兴趣的话题，这样才有利于成交的实现。

## ※ 创造适合成交的环境

客户同意成交的因素有很多，如产品质量、销售服务、企业口碑等，其实周围环境对促成成交也有一定的影响。如果销售人员与客户同处于乱糟糟的环境中，不仅影响双方交流，还会影响客户的心情，直接导致销售失败。所以，为了实现交易的成功，销售人员应尽可能地营造有益于展开销售的环境。

1.选择安静、舒适的环境

销售人员在与客户交流时最好选择一个相对安静、舒适的环境，具体地点并不重要，关键是这个环境能够让客户感到方便和满意。如相对安静的客户接待室、办公室，或环境清幽的茶室、咖啡厅，这些环境都能帮助客户放松心情，无形中减少客户对销售人员的戒备。

2.创造轻松、愉悦的精神环境

客观环境的安静和舒适能够有效地集中客户的注意力，提高销售工作的效率，但仅靠这份舒适并不足以达到有效促进客户做出成交决定的目的。销售人员还要以自己的个人魅力和沟通技巧来创造出一个轻松、愉悦的精神环境，让客户在整个销售过程中感到身心愉快，那么客户的种种疑虑和拒绝都会被消除，这样一来，实现成交将不再是难题。

## ※ 巧妙利用反对之声

当客户提出具体的拒绝成交理由时，很多销售人员都十分灰心，认为这场交易已经无法继续了。其实，这恰好是一个绝佳的促成时机，机敏的销售人员不仅不会被客户的“反对之声”迷惑，反而还会把客户提出的反对意见转换为促进购买的理由，最后再把这种力量传达给客户，从而达到有效说服客户、增强客户购买决心的目的。

客户：“对不起，我的工作太忙了，你们的产品我现在不需要，以后有时间的话我会与你联系的。现在请你不要打扰我的工作，好吗？”

销售人员：“王先生您好。其实您现在只要抽出五分钟的时间就可以节省一大部分时间了。我们公司的产品是专门针对像您这样，工作忙、压力大的客户设计的。如果您坚持使用一段时间，那么您的工作效率自然会大大提高，过去需要一整天才能做完的工作也许只要用半天的时间就可以完成了，剩下的时间您可以用来做其他事情，这样不是很好吗……”

在使用这种技巧时，销售人员要沉着、冷静地分析客户的实际情况，巧妙利用客户的反对理由，将它与客户的真实需求联系起来，切不可把不相干的问题生拉硬扯到一起。如果销售人员的转换方式过于牵强，那么恐怕会适得其反，难以达到有效说服客户做出成交决定的目的。

## ※ 从众心理助成交

在市场环境中，客户总是不可避免地受从众心理影响，选择和大多数人一样的产品，以此来增加自己的安全感。因此，当有的客户依旧对产品犹豫不决时，销售人员不妨利用“从众心理”来引导客户，列举大量客观事实来增加客户的信心，让客户下定决心成交。在使用这个技巧时，销售人员需要注意以下两点。

1.坚持实事求是的原则

销售人员在利用客户的从众心理时，一定要遵守实事求是的原则，不要编造谎言蒙骗客户，也不要片面夸大好的信息。如果客户发现销售人员用虚假的信息欺骗自己，那么不仅严重影响客户对你及公司的印象，而且这种不良印象还可能会被这些客户反映到其他更多的客户。销售人员最好用客户身边发生的真实案例去引导客户，客户通过求证，不仅大大增加了信任感，也会对我们的产品产生好感。

2.使用影响力大的案例

客户虽然具有一定的从众心理，但是如果销售人员举的例子不具有足够的说服力，那么客户通常是不会为之所动的。所以，销售人员如果想要成功利用客户的从众心理实现成交的目的，那么就要尽可能地选择那些影响力较大的、比较有权威性的案例。否则的话，客户的从众心理将很难被成功激发出来。

## ※ 假设客户已成交

“假设成交法”是销售行业中最常用的一种成交技巧，它能在不知不觉间打消客户的顾虑，并利用一些假设性的问题引导客户做出成交决定。

“如果我们再送您一个试用品，你是不是就愿意购买了？”

“如果您现在准备购买的话，那么您是使用现金、支票还是信用卡呢？”

“如果您对这一次成交感到满意的话，那么下次合作一定会首先考虑我吧？”

这些假设性提问都是以成交为最终目的，在使用这个技巧时，销售人员要忽视掉那些不利于成交的因素，只用对客户最有吸引力的条件来发问。同时还要把握问话的技巧，如不要问“买不买”“怎么样”等问题，而是用“我看……”“我感觉得出来……”来取得与客户的共鸣。如：“我感觉得出来你是比较喜欢这个产品的，对吧！”再得到客户的默认后，销售人员再大胆地提出成交要求，如：“您是想要白色的还是红色的？”若此时客户依然拒绝，我们不妨反问一句:“您不是非常喜欢这个产品吗?”通过这种暗示,客户会逐渐认同这个假设,并最终同意成交。

## ※ 如何抓住客户的成交时机

在销售过程中经常会有这种情况,销售人员主动向客户提出成交要求,但对方却表示还没有考虑清楚,拒绝了我们的要求,这说明销售人员没有把握好成交时机。但是当成交的时机真的到来时,销售人员如果没能抓住时机,果断地提出成交要求,那么也同样不会成功。及时抓住那些有利的成交机会,可以提高我们的销售效率。一般来说,以下几个时机都是非常好的促成时机。

1.介绍完产品优势后

当销售人员介绍完产品的突出优势后,正是客户对产品兴趣最大的时候。客户往往会因为产品某个颇具竞争力的卖点而产生购买的意愿,因此销售人员一定要认真把握这个促成时机。即使客户没有购买,销售人员也可以借机了解客户不愿购买的真实原因,以便在接下来的销售活动中根据具体的拒绝原因采取相应的措施。

2.客户认同产品时

销售中最难的环节,就是让我们的产品得到客户认同。实际上,若客户认同了我们的产品,即说明他信赖我们,对产品已经没有什么太大的意见。因此销售人员要迅速抓住这一时机,及时为客户解决其他细节问题,一鼓作气提出成交要求,此时客户同意成交的可能性非常大。

3.解决客户异议后

客户会提出异议实际上说明他对产品是十分关注的,而销售人员解决异议的过程就是一个向客户说明产品优势,说服客户购买的过程。当客户内心的疑虑和不满被你耐心细致的解释全部打消之后,销售人员此时最需要做的就不再是等待客户提问了,而是果断地向客户提出成交要求。

## ※ 替客户说出心中的顾虑，促使成交

有些销售人员认为，如果客户对产品没有意见，那就是对产品的一种默认，此时成交的可能性非常大。实则不然，客户如果存在着一丝疑虑，那么即使他不发表任何意见，他也不会轻易做出成交的决定。实际上，客户如果什么都不说，反而是加大了销售人员的工作难度。

若客户能主动提出自己的疑虑，那么销售人员起码会有一个解决异议的机会，帮助自己突破成交的障碍，可是客户若什么都不说，很多销售人员就无从下手，不知道怎么办才好了。由此我们不难看出，只有真正解决客户的疑虑才能让客户肯定成交的决心。既然如此，那么我们不妨改变一下销售的策略，在客户有所表示前，主动替客户说出那些可能阻碍成交的问题。如果销售人员能够主动说出一些客户担心的问题，然后再给客户一个满意的答复，那么就会大大增加客户对你的信任与好感，同时客户内心的疑虑得以解决，他们对产品的兴趣和信赖程度也会增强，这无疑可以使自己在销售活动中表现得更加主动。

所以，有些时候销售人员不仅要支持客户提出的反对意见，而且还要主动替他们说出内心关注的问题，这是实现成交的一种技巧，值得销售人员尝试。

## ※ 让客户看到利益，加速成交步伐

如果客户不知道自己在交易中能够获得什么，或者销售人员提出的条件不能满足他们的需求，那么他们是绝不会成交的。因此销售人员势必要让客户清楚地看到自己的利益，并以此来吸引客户促使他产生成交的意愿，成交才能顺利完成。在使用这个技巧时，销售人员要从以下三个方面做起。

1.让客户看到成交得到的利益

如果想促使客户产生购买意愿，销售人员就要让客户知道这个产品能满足客户的哪些需求，为客户解决哪些难题。当客户清楚地看到自己通过成交能得到的利益时，才会从内心产生购买的想法，而不是以敷衍的态度去面对销售人员。

2.让客户看到产品附加的利益

销售人员还可以充分利用产品的附加值，让客户感到实现成交不仅可以解决其某种需求，而且还会令其获得某种额外的利益。比如告诉客户卓越的产品质量可以令其大大节约维修和保养成本，完善的服务可以使产品的价值更高等。

3.对客户以诚相待，打消不安

诚恳地与客户进行交流能增加客户对销售人员的信任。对客户以诚相待，客户才会真的相信销售人员所说。那些夸大、虚假的信息只会让客户不安，从而打消成交的想法。

## ※ 提出成交要求的前提

一旦发现合适的成交时机，销售人员就要果断地向客户提出成交要求，以免机会溜走。不过，有些销售人员面对良机却迟迟没有作为，因为他们担心由于自己的急功近利反而会让客户反感，彻底失去这笔交易。其实，只要掌握了一定的技巧，客户一般都不会对销售人员提出的要求感到反感，这就需要我们先做到以下几点。

1.先确定客户意愿

为了使销售人员提出的成交要求显得不那么唐突，我们要先确定客户的意愿，如果确定客户是趋向于成交的，那么就要不失时机地向客户提出自己的成交要求。

2.顺水推舟

如果客户已经表现出了某些比较积极的反应，那么销售人员就要借助客户的这些积极反应顺水推舟，让客户感觉到成交是其自身的意愿，而不是销售人员自顾自地提出成交要求。

3.态度自然

有些销售人员因为紧张，在提出成交要求时会显得很不自在，受他的影响，客户也不禁对产品产生疑虑，使得成交失败。所以，销售人员在提出成交要求时，一定要态度自然，让客户感觉到实现成交是自然而然的事情，是双方都期望看到的结果。

# 第16章

# 催款有道，掌握令钱即刻入账的心理博弈

客户做出成交决定却一直拖欠货款，这是销售人员最不愿意看到的情况。这种事情如果处理不好，不仅会影响双方的关系，还有可能给销售人员带来不必要的损失。为了尽量避免这种情况发生，销售人员要灵活利用一些催款窍门，努力与客户在回款问题上达成一致，确保客户能够及时结清货款，保证双方利益的有效实现。

## ※ 了解回款在销售工作中的重要性

很多时候，货款难以要回是因为一些销售人员从没有正视过回款的重要性，他们总是认为把产品销售出去才是最主要的。因此，为了让客户尽快同意交易，不得不采取低姿态。

客户："让我同意进货也行，但是我要先看一下货的销量，先支付你三成货款做定金。"

销售人员："可以。您什么时候付完全款都可以，这个到时候再说。那我们先谈谈这次的进货量……"

一个月后……

销售人员："王先生，那批货的销量还不错吧。您看什么时候把剩下的货款支付了呢？"

客户："哦，那批货的销量一般，你之前不说什么时候付款都行吗？那就再给我几天时间吧。"

若销售人员没有与客户预定好付款的时间及方式就开始交易，那么在收回货款时，必然会发生案例中销售人员遇到的问题。因此，销售人员要充分认识回款的重要性。

销售的最终结果并不只是完成成交，销售人员的使命是为企业创造出有利润的销量。如果光有销量却没有货款，那么无疑会给企业的资金周转带来麻烦；另外，催款是一件比销售更难的事情，销售人员与其将大量的时间和精力花费在要账上，不如用这些时间去开发更多更好的客户。因此，销售人员要坚定现款交易的理念，宁可失去这笔生意，也不冒险赊销，否则一旦收不回资金，会给企业带来难以弥补的损失。

# ※ 了解为什么会产生欠款

很多销售人员历经千辛万苦，好不容易说服客户成交，但却迟迟收不到货款，这无疑是一种打击。因此，销售人员要防患于未然，先弄清产生欠款的原因，接下来在之后的工作中有效预防，尽量避免这种情况再次发生。

1.客户拖欠欠款的原因

(1)没有能力支付。客户由于种种原因导致经营不善、资金周转困难，因而不能准时付款。这种情况常常在销售人员所能控制的范围外，不好解决，因此十分棘手。

(2)不愿意支付。客户对销售人员的服务不满意，因此不愿意准时付款，故意制造麻烦。这种情况多数是因为客户没有得到令其满意的利益，如产品部分折扣没有兑现等。

(3)没有制度约束。部分客户出于商业运作的考虑，往往只把自己的利益放在第一位，再加上没有任何有效力的制度约束，使得他们更加肆无忌惮地拖欠欠款。

2.销售人员的原因

(1)急于销售，忽视货款回收。

(2)不兑现服务承诺，导致客户拒绝付款。

(3)没有按时收款，收款前未通知对方。

(4)追款不及时，造成客户及货款的流失。

(5)不重视对客户信用的考察，造成回款难收。

(6)没有明确的法律约束，使得部分客户有机可乘。

通过分析，欠款产生的原因多数是由于销售人员处理不当造成的。因此，销售人员在收款环节多花点心思，多使用一些技巧，就能有效避免欠款难收的局面。

## ※ 掌握收款的四大原则

销售人员在进行到收款环节时，应遵循以下几个原则。

1.原则一：预防

与其在最后追回欠款时耗尽精力，销售人员不如提前做好预防工作。在选择准客户时就先对客户的信用进行调查，与那些信用良好、实力雄厚的客户做生意，从而有效避免欠款不还的情况发生。

2.原则二：迅速

销售人员在收账时一定要坚持“迅速”的原则，在与客户成交后立即开始要账。根据权威销售专家研究，成交60天内要回货款的可能性最高，时间拖得越长就越难要回。

3.原则三：勤快

如果销售人员回收货款时很容易被打发，客户就不会把还款放在心上，他会觉得这笔款对你来说并不重要，然后能拖就拖。面对这种情况，销售人员要勤快点，经常到客户处所要回款，次数多了客户就很难再找到拖欠不还的理由。

4.原则四：变通

不同的客户有不同的催款方法，销售人员要懂得变通。销售人员要对客户尽可能地了解，分清客户欠款不还的原因。有时客户并不是真心要赖账，因为遇到了经营困难才不得不暂缓回款。销售人员可以利用自己的知识，帮助客户分析市场，策划促销方案等，以自己的诚心和服务打动客户，这样客户在解决问题后，才能尽快回款。

## ※ 为客户分析按时回款带来的好处

越来越多的客户会选择一个较长的付款期限，以此来分散自己的商业风险,但这大大增加了销售人员回款的难度。事实上,很少有客户能依靠拖延付款时间来获得利益。销售人员不仅要让客户清楚地认识到这一点,同时也要让客户知道,按时回款才能够给他带来更多的益处,以此让客户主动放弃拖延欠款的打算。

若客户能够做到始终坚持及时付清货款,那么必然会在市场上树立起良好的信誉。若客户是一个企业,那么他所经营的产品影响力也会得到更大的拓展。信誉是商家的命脉,信誉良好的企业才能在竞争激烈的市场上占有一席之地。

及时付清货款以后,客户就可以毫无后顾之忧地利用已经完全属于自己的货物去创造效益,从而更快、更高效的抢占商机。如果仅仅因为没有及时付清货款而导致销售方对客户停止供货,那么客户就得不偿失了。

客户及时的回款不仅能给自己带来良好的信誉,还能够与销售方达成一致,形成良好的长期合作关系。如果不及时付清货款,那么当客户今后急需货物的时候,销售人员们就会谨慎与之合作,这将导致客户处于十分被动的局面,造成无法挽回的损失。

## ※ 不做单纯的收账人

在回收货款时,销售人员要用自己的真诚之心来对待客户,帮助客户解决回款方面的麻烦。这样做的目的不仅是为了博得客户的信任,更重要的是,在这场交易中客户与销售人员拥有共同的利益,帮助客户实际上也帮助了我们自己。只有客户的资金运作正常,销售人员才能顺利地拿到回款。

王经理是小刘的老客户了,小刘多次到王经理办公室去收款,但总是不成功,这让他十分沮丧。一次偶然的机会,小刘听到王经理对别人说:"那个小刘只有收款的时候勤快,产品出了问题他从来都不管。产品卖不出去我拿什么给他回款啊。"小刘这才知道自己收款遇挫的原因。

销售人员不能只抱着收款的心态去接近客户,在平时就要多多关心客户，协助客户一起去经营好其货款，这才是降低收款风险的根本所在，不要等到收款时才想起客户。如果销售人员在每次收款前都帮客户解决一些问题，哪怕只是一些小问题，也会给自己的收款工作带来积极的影响。

## ※ 在合同中明确约定回款内容

即使客户的信誉度已经能够为及时收回货款提供保证，销售人员也不能忽视合同的重要性。众所周知，合同是对买卖双方都有法律约束的文书，它不仅明确了双方的职责，还能够保护双方的合法权益。因此，销售人员一定要重视合同的作用，在合同中详细约定关于回款的具体时间、地点和金额，以此来保障回款的顺利进行。

在签订合同时，销售人员要抱着小心、谨慎的态度，仔细检查每一个条款内容是否正确。即使我们与客户已经有过多次友好合作，也不能在签订合同时大意，这不仅是对整个交易的负责，也是对双方利益的维护。这样，如果一旦出现问题，销售人员可以以合同作为自己的有力武器，在催款环节中占有主动的地位。

## ※ 完善你的服务，避免欠款

合同签订好后，销售人员要做的就是完善自身的服务，协助客户完成货物的交接，为客户提供一切便利条件。这样不仅能提高客户的工作效率，也间接保证了货款回收的安全性。销售人员千万不要小看这个环节，不要以为签订了合同就可以高枕无忧了，有时客户拖延付款并不全是他的原因，而是由于销售人员没有把自己分内的工作做好。如，合同签订完后，销售人员却没有兑现自己对客户的某种承诺，使得客户有种受骗的感觉；或者由于销售人员没有及时为客户解决问题，导致客户受到了某些损失。这些原因都会让客户感到严重不满，并最终恶化为拖延结款的结果。

因此，为了更有效地保证及时收回货款，销售人员即使已经完成了自己的工作，也要在一些力所能及的范围内积极地配合客户，为客户提供一些便利。销售人员完善的服务，可以有效地免除客户的后顾之忧，增强客户的满意度，从而最终实现及时收回货款的目的。

## ※ 收款才是销售工作的最后一步

有些销售人员存在着一些认识上的误区，他们想当然地认为，销售工作的重中之重是不断地开发新客户。每一个新客户都代表着一个成交的可能，客户的数量越多，我们的收益就会越高，因此无论遇到什么情况，他们总是把新客户放在首位，优先考虑新客户的情况。其实，这是一种片面的认识。在销售环节中，开发客户只能说是销售过程的开始，而收款才是销售过程的结束。如果销售人员有很多的成交客户，但却没有一个完成了收款手续，那么这个销售人员的工作是没有成果的。

对销售人员来说，只有在每一场交易的货款收回之后，这场交易才算圆满结束。收回的货款上缴公司后，公司才有资金周转，从而保证顺利运营。因此，销售人员要知道，销售过程的实质，是用自己的产品交换客户的资金。如果我们因为顾忌客户而迟迟不收款，那么无异于是一个没有结果的过程，这使得我们之前的所有努力都化为泡影。

## ※ 催款时不应该犯的几种错误

一直以来，“催款难”就是很多销售人员和企业非常忧心的问题。货款不到位影响了企业的正常运转，销售人员及企业的利益都受到了损失。因此，越来越多的销售人员开始重视起催款的工作。他们发现，在催款过程中，销售人员的错误的行为是导致某些客户借机赖账的最主要原因，因此我们要格外注意。

1.错误一：回款期限将至才去催款

有些销售人员总是要等到公司规定的回款期限即将到期时，才会主动去找客户催款。但是大部分客户并不会准备好货款等待销售人员上门取走，通常他们都会将回款时间再拖延几天，最后销售人员只能是无功而返。

2.错误二：回款时间不确定

有些销售人员为了争取成交，不得不向客户一再妥协，在与客户商谈回款时间时态度不明确，这使得有些客户有了赖账的借口。而销售人员又因为自己之前的工作不到位，此刻陷入了两难的局面，不得不看着客户恶意拖欠货款。

3.错误三：违反公司制度

有的销售人员为了提升自己的业绩，不顾公司的制度，相信客户"货到就给你付款"的言辞，为客户大开绿灯。

## ※ 抓住客户的心理弱点，令其主动交款

在催账过程中，销售人员要与客户进行正面的交流，有时就算销售人员好话说遍，客户仍然不答应。因此，为了让客户尽快答应回款，销售人员有必要抓住客户的心理弱点，攻克客户的层层心防，最终顺利地完成催款工作。一般来说，销售人员可以利用客户的这几个心理。

1.同情心理

俗话说，恻隐之心，人皆有之。销售人员在催账的过程中要懂得向客户诉苦，要让客户认为，就因为他迟迟不付款所以才导致销售人员受到了这么多磨难。出于同情心理的影响，客户就会同意尽快付款。

2.从众心理

从众心理是社会公众的一种正常心理，有些客户只有看到其他人付款之后才会决定付款，不然他们总会感到不安。销售人员要抓住客户的这种心理，让客户意识到只有自己没有付款，出于从众心理，他会马上同意支付剩余货款。

3.自负心理

销售人员在与客户交流时，态度要卑微一些，多讲一些赞美客户的话，这样当客户的自负心理得到满足时，他才会爽快地答应付款。

4.图利心理

客户作为商家，总是时刻考虑自己的利益得失，销售人员可以利用客户的这种图利心理，告诉客户，若他能够按时付款，那么在未来的交易中，他的这份信誉将会给他带来更高的利益。如此一来，客户就会同意付款。

5.恐惧心理

当销售人员用尽所有的办法都不能让客户付款时，只得采取法律手段来追讨属于自己的货款。销售人员此时可以直接告诉客户：我们的义务已经尽到了，您不按照约定付款给我们带来了很大的损失，我们只得提起诉讼。当客户意识到问题严重时，出于恐惧心理，他会尽快付款，毕竟这对客户百害而无一利。

## ※ 名正言顺地向客户收款

若销售人员能够名正言顺地向客户收款，那么客户就没有再拖延下去的理由，只得按时付款。那么销售人员要如何才能做到名正言顺呢？我们可以试试以下几种办法。

1.亲自与客户确认货物

如果客户对收到的货物不满意，因数量不对或质量有问题而延期付款，那么无疑会使销售人员的催款工作陷入被动。因此在销售出产品后，销售人员要亲自与客户确认货物的数量和质量是否达到客户的标准，确认无误后销售人员就能名正言顺地要求客户付款，客户也就没有再拖延的理由。

2.提前通知客户

销售人员在收款前要提前告知客户，与客户再次确认收款的时间和金额。有的销售人员因为担心客户到时会对自己避而不见，因此总是不提前通知就贸然前去收款，结果客户因为没有准备，还是无法付款。所以，销售人员在收款前应该提前通知客户准备货款，只有通知到位，销售人员的上门催收才显得名正言顺。

3.避免与客户发生争辩

在销售过程中，销售人员要记住，永远都不要和客户发生争辩。即使客户因为一些小问题而发牢骚，销售人员都要对客户表示理解。因为客户对自己购买的产品表示担心是十分正常的，如果销售人员此时没有去安抚客户的情绪，反而与客户发生激烈的争吵，那么客户必然会心生芥蒂，从而找出各种理由来拖延付款。

## ※ 做好催款工作中的细节

无论在何时，细节都对成败有着重要的意义，因此销售人员也要重视催款工作中的一些小细节，很可能这些细节会帮助我们顺利地完成催款工作。

1.做事讲求速度

如今，商业上的竞争越来越激烈，时间和金钱一样宝贵，因此销售人员在催款时也要讲求速度，力争在第一时间内向客户催要回款。因为客户的资金总是有限的，我们一定要赶在竞争对手之前将货款收回。

2.计算要迅速、熟练

收款不同于其他业务，销售人员要做到心中有数。对于应收账款的计算不仅要快，而且要准确无误。只有这样才能赢得客户的信赖，顺利收回货款。

3.提前准备零钱

很多时候，客户总会借口销售人员不能及时找零而借机拖延付款，因此销售人员要注意这个细节，在上门催款前提前准备好零钱，一旦客户以此为理由，就可以迅速拿出零钱，使得客户不能再拖欠。

4.应收账款数目要正确

销售人员一定要明确应收账款的数目，收款要正确，如果应收账款的数目与客户应付账款的数目不符将会给自己带来很大的麻烦。如果少收了货款，会给公司造成损失；而多收货款，就会影响自己在客户心目中的形象。

## ※ 善用法律手段对赖账的客户给予警告

如果销售人员用尽了所有的收款方法后客户依旧不为所动，那么为了维护自身的合法权益，销售人员只能提请法院，通过法律的手段来讨好货款。不过这种方式很有可能给双方带来不好的影响，因此销售人员一定要谨慎。如果真的决定诉诸法律，销售人员要做好以下几件事。

1.提供齐全的文件作为证据

法律面前众人平等，一切都是以证据作为裁决的依据，因此销售人员要提供详细具体的购物合同，双方签订的债务合约以及其他相关文件，这些证据能够有力地保障销售人员的合法权益。

2.尽快解决，降低损失

如果销售人员已经决定运用法律手段来解决客户赖账的问题，那么就应该尽快向法院提起诉讼，在最短的时间内，把事情处理完，把自己的损失降到最低。

3.请律师处理

如果对相关的法律法规不是很了解，那么销售人员最好请一位律师来帮助解决这个问题，相信专家可以给出一个满意的答复。

这是最后的方法，也是迫不得已的方法，因此销售人员一定要慎之又慎。

## ※ 在成交之前就把回款的日期及限制规定好

在销售工作中，为了避免产生客户拖欠货款的情况，销售人员要格外谨慎，尽量避免将大量的货物赊销给客户，可以采取少量多次的方式有效规避欠款风险。在与客户谈生意时，销售人员要考虑的不仅是成交量，还要考虑顺利拿到回款的可能。如果有的客户对产品的质量、价格都不在意，只是一味地要求销售人员提供给他大量的赊销货物，那么销售人员就要警惕起来，切不可被巨大的成交量冲昏了头脑，要知道，这样的客户最有可能发生欠款不还的情况。为了避免给客户留下拖欠货款的理由，销售人员在与客户约定付款细节时要写明交易的条件，对收款日期、收款金额、违约金等重要信息做没有任何弹性的规定，以免客户在这些细节上发难。如，付款日期要具体写明某年某月某日，而不能笼统地写为“收到货物后当月结算”，以避免客户表示他没有收到全部货物，或“当月”还没有到最后一天，他就可以名正言顺地不付款。

另外，销售人员在与客户签订合同、协议等有效文件时，一定要注意文件的有效性，落款处要加盖客户单位的专用章，以示责任归属。如果客户用自己的私人印章与销售人员签订合同，那么一旦出现问题，客户作为个体根本不能代表他的企业，这个责任就没有人来负担。销售人员在成交的各个环节都谨慎一些，就会令客户无法推脱或抵赖债务，从而有效地降低拖欠货款的风险。

## ※ 时刻警惕客户的异常变化

当销售人员与客户达成成交共识后，并不是说我们的工作就完成了，客户不会主动把货款交到我们手里，销售人员依然要时刻注意客户的情况，以便能够及时做出应对。一般来说，当客户出现以下异常变化时，一定要引起销售人员的警惕和重视。

(1)客户的进货量逐渐减少，并开始降价处理货物。

(2)一向信誉良好的客户开始无原因地拖延付款时间。

(3)客户单位辞职的员工越来越多，已经无法维持原来的基本工作。

(4)客户开始着手于其他行业，对之前产品及业务不再过问。

(5)客户的店面即将关闭，已经开始清货转让。

当销售人员发现客户有以上几种情况发生时，一定要马上要求客户结算付款,不然很可能给销售人员及其企业带来巨大的损失。

## ※ 从源头上杜绝欠款产生

如何有效收回货款、保证企业的资金流通是每一个销售人员都十分关注的事情。随着现代商业的高速发展,很多企业都出台了一系列的制度用以控制欠款,但欠款数字还是不断攀升。究其根本,还是销售人员在与客户沟通的环节中缺乏一些技巧,给了客户可乘之机。因此,对于销售人员来说,掌握一定的回款技巧是十分重要的。

对销售人员来说,与其在成交之后想方设法弥补欠款给企业带来的不良效应,倒不如在一开始就从源头上杜绝大量欠款的产生。对于每一个客户,销售人员若没有十足的把握按时收回货款,那么就不要提供给客户大量的赊购货物,这是杜绝欠款产生的前提。销售人员应该少量多次地与客户交易,收到货款后再开始下一次交易,这是最简单的预防欠款产生的办法。

# 第17章

# 加强心理维护，长期的客户关系令生意红红火火

虽然为客户提供良好的售后服务是售后服务部门的基本职责，但是这并不意味着销售人员在产品成交后就可以对客户不管不问。销售人员千万不能忽视售后服务的重要性，当客户有需要时，应当随时做好准备，提供良好的售后服务，帮助客户解决一切问题。

## ※ 明确售后服务的真正意义

很多优秀的销售人员都有自己的客户群体，这些客户有很高的忠诚度，对销售人员充满了信任。无论是再购物还是为别人推荐产品，他们首先就会考虑销售人员，这也就是为什么这些优秀的销售人员总能长期保持良好销售业绩的原因。

大量忠诚的客户是销售人员业绩的保证，而要想获得这些客户的长期支持，必然离不开销售人员的努力。为了维护与这些老客户的友好关系，销售人员要尽可能地为他们提供完美、全面的服务，否则客户对我们的忠诚度将很难持久。

积极主动地为客户提供良好的售后服务，是增强双方友好关系的一个捷径，很多优秀的销售人员都是通过这种方式获得越来越多忠诚客户的。如果客户对售后服务不满意，那必然会影响对产品、对企业以至于对销售人员的印象，也会导致他们决定从此不再购买我们的产品，甚至会告诉身边的朋友都不再光顾，这对销售人员来说无疑是一个巨大的损失。因此，销售人员如果想要在今后创造更大的销售业绩，就必须做好相应的售后服务工作，努力培养客户的满意度和忠诚度。

## ※ 在售后服务时开发新客户

如果销售人员在产品成交之后，依然能为客户提供热情、周到的售后服务，那么他不仅能得到老客户的感激和信任，还会因此而得到很多新的客户。

根据 250 定律，每个客户的言论会影响他们身边的 250 个人，而这 250 个人都有可能成为销售人员的新客户。当销售人员在成交后，若仍能一如既往地为客户提供热情服务时，客户会从内心对销售人员的工作给予肯定，当身边的朋友需要同类产品时，就会介绍他们来购买销售人员的产品，使之成为销售人员的新客户。

很多客户不会盲目地听信别人的介绍，而更加相信自己的判断。他们在购买产品前会进行各方面的比较，良好的售后服务会增加他们对销售人员的好感，并因此而选择他们的产品，成为销售人员的新客户。所以，积极主动地做好售后服务工作，不仅是维持老客户的需要，也有助于增加新的潜在客户。因此，销售人员必须尽自己最大努力认真做好售后服务，不要把这些必要的工作当做是额外的负担。

## ※ 在售后服务中为自己累积好的口碑

一直以来，口碑就是产品宣传中效果最好的方式，与铺天盖地的广告宣传相比，它以极少的付出获得了极高的回报。更重要的是，良好的口碑对于新客户的影响力通常大大超过广告宣传。老客户总是将自己使用产品的心得、感受毫无保留地传播给其他的客户。不过，如果客户对产品充满了抱怨，那么这个口碑传播的就是负面信息，会给产品带来严重的影响。

完善的售后服务是打造良好口碑的重要因素，当销售人员积极主动地为老客户解决问题时，这些感到满意的老客户就会将他们的感受通过各种途径主动对外宣传，让更多的客户对我们的产品充满好感。这种正面的口碑宣传能够给销售人员带来大量的客户和销售业绩，因此，做好售后服务已经不单单是售后服务部门的事情，销售人员也要做好配合，以自己的热情为客户解决疑难问题，让客户真正享受到上帝的待遇。

## ※ 在售后服务中挖掘新的销售契机

售后服务是再次成交的契机，在为客户解决问题的过程中，销售人员要时刻做好再次成交的准备。客户随时可能产生新的需求，或者因为满意我们的服务而为销售人员带来新的客户，这种种可能都会触发再次销售。销售人员一定要抓住这个契机，在细节上做好必要准备。

1.注意自己的言谈举止

一个人的言谈举止最能反映他的修养和素质，大方、专业的谈吐能增强销售人员的可信赖性，给客户留下一个好印象，这为之后的销售工作带来了很多好处。

2.留意潜客户

售后服务的对象虽然是老客户，但是当销售人员为他们提供满意的售后服务时，适当留意一下，不难从他们身上发现新的商机。老客户身边的朋友、亲人、同事等都有可能发展成新客户，销售人员借助老客户的影响力与他们建立良好的联系，往往会收获意想不到的回报。

3.时刻准备再销售

一个优秀的销售人员并不会将销售活动局限在框架中，即使是在售后服务的过程中，他依然时刻准备展开销售活动。一旦客户透露出想了解的意愿，销售人员就要马上向他们展示自己的产品，用自己积极、自信的态度感染客户，而这些正是实现成交所必不可少的。

## ※ 完善售后服务得到更多客户资源

完善的售后服务，是一个创造新商机的便捷的途径。销售人员只有重视客户，让客户得到满意的服务，他才会愿意介绍新客户给我们，从而产生新的交易需求。如此一来，新客户源源不断地产生，销售人员也就不愁没有客户资源，这才是销售的最高境界。

重视售后服务是销售人员赢得客户的法宝，然而很多销售人员因为担心客户会抱怨，所以不愿意提供售后服务。其实我们必须正视售后服务，正是因为在销售之后产品出现了问题，所以才需要销售人员去为客户解决问题。产品问题给客户带来了种种不便，所以客户当然会产生不满的情绪。销售人员要正视客户的这种心理，用自己的真诚和耐心去感化客户，才能得到客户的谅解。

总而言之，完善的售后服务会帮助客户解决很多问题，从而使客户对销售人员产生信任感。相反，如果销售人员总是忽视售后服务的重要性，敷衍客户的要求，那么客户自然不会为销售人员介绍客源，这些无形中流失的客户资源将就是销售人员的巨大损失。

## ※ 售后服务中能提升客户的忠诚度

良好的售后服务是帮助销售人员进行再销售的契机，如果销售人员能够利用这个机会与客户建立良好的信任关系，那么对我们之后的销售工作会有很大的帮助。在成交结束后，通常客户只有在出现问题时才会主动与销售人员联系。其实，售后服务并不是非要客户处于主动地位，销售人员完全可以通过以下几种售后方式主动创造出与客户开展紧密联系的机会。

1.积极主动地回访

一直以来，积极主动的回访都是与客户建立紧密联系的最佳方式，利用这种方式，客户不但会对销售人员热情周到的服务感到满意，而且还可以为今后保持更好的合作关系奠定坚实基础。

2.建立共同的话题

一般来说，拥有共同的话题和兴趣通常能让客户对销售人员产生一种亲切感，在这个基础上的话题通常对客户具有莫名的吸引力，只要销售人员能使用正确的方法去引导客户，就有很大的概率促成新交易。

3.适时登门拜访

在与客户保持长期联系的过程中，如果有必要的话，销售人员不妨适时对客户进行登门拜访，这既能充分显示出销售人员对客户的关心和尊重，又有助于我们更全面、更有效地与客户展开沟通。

4.利用其他方式

在成交之后，销售人员同样可以借助电话、邮件以及书信等各种方式与客户进行联系。总之，只要遇到合适的机会，销售人员就要不失时机地加强与客户之间的信息沟通和情感交流，要尽可能地与客户保持长期的友好联系，以促进双方之间的长期合作。

## ※ 将销售的重点放在成交之后

世界著名的推销员乔·吉拉德曾说过“销售始于售后”。他之所以能够成为世界著名的推销员，是因为他十分重视成交之后的过程，并把售后服务看做是比推销更重要的事。很多销售人员由于过分注重眼前的利益，在与客户完成交易后就不再与客户联系，结果浪费了好不容易与客户建立的友好关系，也间接地失去了一批潜在客户。

销售的重点是在成交之后，因此在与客户保持联系时销售人员一定要选择合适的方法，要让客户感受到我们真诚的关心和尊重，而不是莫名的冒犯和打扰。只有当客户充分感受到销售人员的尊重和关心，才能对销售人员接下来的沟通充满信任，这对销售人员之后的工作顺利开展产生了积极的意义。

不要放弃售后，也不要抱怨找不到与客户保持友好联系的合适时机，聪明的销售人员知道，很多机会都要靠自己主动把握和创造。在产品成交后，销售人员要时刻做好再销售的准备，只有当我们准备得十分充足了，才能抓住售后服务中出现的新商机。

## ※ 如何维护客户关系，增强再销售优势

全面周到的售后服务是销售人员再次与客户接近的机会，在这期间，销售人员凭借自己热情、体贴的服务很容易与客户建立良好的关系。客户出于对销售人员的信任和感激，若之后再有购买需求，肯定会第一个选择销售人员，成为其的忠实客户。客户的这份忠诚和信任，就是销售人员在销售过程中最大的竞争优势，这也就是为什么售后服务周到的销售人员总是拥有

大量客户和业绩的原因。

如果销售人员不重视售后服务的环节，在成交结束后就收起热情的态度，甚至对客户要求帮助的请求不闻不问，那么不仅客户会感到失望，也会影响到我们之后与客户之间的其他销售活动。已经成交的客户是一个巨大的资源，销售人员要从这一个客户身上看到他身后的客户圈。如果因为我们的疏忽，让客户感到不满，那么无疑是白白葬送了销售人员之前建立起来的客户资源。即使客户再产生购物需求，鉴于之前销售人员的表现，他也不会再考虑我们，这最终会导致销售人员彻底失去与客户之间的有利成交机会。因此，无论从客户的主观感受来理解，还是从自身的实际利益出发，销售人员都应该重视售后服务，不断维护与客户之间的友好合作关系。

## ※ 做好售后，才是完美的销售

很多客户在使用产品时都会或多或少地遇到一些问题，如对产品功能的不了解，不会正确使用产品等。一般来说，客户会习惯性地找到销售人员帮助自己解决问题，这时销售人员不要将客户的要求当做额外的工作，因为为客户提供良好的售后服务本身也是销售的一部分。销售人员不要将自己的责任推卸到售后部门，这会造成客户对我们的反感，也会给之后的销售工作带来不利的影响。

客户甲："我上个月买的电脑，现在启动特别慢，不知道是怎么回事。你们能解决一下吗？"

销售人员："您的电脑是不是感染病毒了？如果是的话，那就不在我们的保修范围内。"

客户甲："我刚买的电脑，都没怎么用，肯定不是中病毒。"

销售人员："那您去找一下售后吧，他们负责产品的后期维修，我帮不了您。"

客户甲："你怎么能这样，买的时候说的那么好，一出问题就不管了，我要投诉你。"

客户乙："我上个月买的电脑，现在启动特别慢，不知道是怎么回事，你们能解决一下吗？"

销售人员乙："当然可以了，那么启动慢是不是因为您的电脑没有定期杀毒引起的呢？"

客户乙："我刚买的电脑，都没怎么用，肯定不是中病毒。"

销售人员乙："那么您方便把电脑带到我们的专业维修部门吗？"

客户乙："我最近不太方便。"

销售人员乙："那您看这样好不好，我估计您的电脑问题不大，我现在就为您联系下维修人员，然后为您上门检修一下，您看您什么时间方便呢？"

从这两个案例中我们不难看出，销售员乙的处理非常正确，他真正把售后服务当做销售的一部分。客户的问题得到解决后，必然会对他充满了信任。若客户的朋友有需要购买电脑的需求，这个客户一定会将朋友介绍给第二个销售人员。因此，无论在成交前还是成交后，只要客户有需要，销售人员都应该主动为客户提供良好的服务，帮助客户解决问题，千万不要敷衍客户或逃避责任。

## ※ 解决售后服务纠纷的要点

一般来说，售后服务纠纷是由多种原因造成的，如果解决不好，势必对企业形象和销售人员的信誉产生影响。以下几个关键点能帮助销售人员有效控制局面，解决纠纷。

(1)无论由于什么原因造成了售后服务纠纷，销售人员都要冷静对待，不要与客户发生摩擦。无论责任在哪一方，销售人员都要控制住整体的气氛，不要让冲突升级。安抚好客户的情绪后再进一步与客户沟通，了解纠纷产生的缘由。

(2)销售人员要加强自身的业务能力，尽量避免因自己服务不到位而引发纠纷。只有在销售人员对自己的产品有非常深入的了解时，才能为客户解决问题，取得客户的信服。

(3)在为客户提供服务时,销售人员不要为了一点小利益而对客户作出自己不能保证的承诺,这样最容易引发纠纷,会给售后服务带来很大麻烦。

(4)尽管销售人员在面对售后服务纠纷时要尽量避免与客户冲突,但是在面对问题时仍然要坚持原则。

## ※ 如何打好再销售的基础

现在,产品的售后服务逐渐成了客户不得不关注的问题,因为它直接关系到客户的正常使用。随着生活节奏的加快,客户已经没有过多的精力去挑选、比较同类产品间的不同,如果销售人员能够帮助他们有效解决产品使用中出现的问题,那么客户就会在心中认定这个品牌,在下次购买时优先考虑,因此售后服务就成为再销售的基础。为了满足客户越来越高的要求,销售人员要重点解决以下三个问题。

(1)在售后服务中,客户不满意的原因多是因为自己的需求得不到满足,这是因为销售人员不了解客户的真正用意而盲目处理导致的。因此,销售人员要多与客户沟通,了解客户的真正想法后在为其提供服务,这样才能有效解决问题。

(2)客户在售后服务中最需要的是公平和便捷。正确的流程才有正确的结果,销售人员要在事先拟定好售后的处理原则,当客户提出要求时能够有所应对,力求将客户的损失降到最低。

(3)客户大都喜欢热情、积极并能有效解决问题的销售人员,因此销售人员要不断提高自身的职业素养和专业技能,有效弥补产品问题给客户带来的不良影响。

## ※ 售后服务影响“客户满意度”

在产品同质化日益严重的今天,“客户满意度”已经成为客户选择产品的标尺。在众多良莠不齐的产品中，“客户满意度”高的产品无疑拥有市场竞争力，对产品销售有着不可估量的作用。

售后服务的好坏与客户的满意度相关，如果销售人员的售后服务能够有效地为客户解决问题，那么客户的满意度就会不断提高，并愿意介绍其他人来购买，这对产品宣传，提高销售量有着十分积极的作用。如果销售人员忽视了售后服务，冷淡、敷衍客户，那么客户的满意度就会降低，从而不再购买这个产品，并影响着潜客户的购买意愿，这对销售人员来说无疑是非常大的损失。

“客户满意度”作为引领客户消费的指向标，已经成为众多商家和销售人员争夺客户的有力武器，而售后服务是提升客户满意度的最主要方式。因此，销售人员一定要十分重视售后服务，以自己热情、周到的态度为客户排忧解难，从而树立良好的口碑，打造“客户满意度”。

## ※ 售后服务需要注意的几个问题

鉴于售后服务的重要性，销售人员要注意以下几点。

1.把握时间

客户总是希望自己的问题能够尽快得到解决，因此销售人员一定要把握时间，尽快为客户提供解决方案，并付诸实践，力求迅速、高效地为客户服务。

2.少说多做

一般来说，客户只有在出现问题时才会主动寻求售后服务的帮助，因此销售人员要秉承“少说多做，解决问题”的信念为客户服务，努力将客户的损失降到最低。

3.巧妙回避

在售后服务中，面对客户提出的一些难以兑现的要求，销售人员要保持冷静，切不可与客户发生冲突，如遇敏感问题更要想办法回避，避免“言多必失”的情况发生。

4.不可敷衍

售后服务的结果关系到客户对产品及销售人员的总体印象，因此销售人员要将问题彻底解决，不要敷衍对待，留下模棱两可的结果。

5.学会总结

在售后服务中，销售人员也能够学习到很多实用的技巧，这时我们要学会总结，并将它记录下来。这些珍贵的经验会为销售人员以后的工作带来很多方便，而且只有不断地总结才能不断提高我们的服务水平。

## ※ 掌握多种售后服务的方式

一般来说，售后服务分为以下几种方式。

1.上门服务

当产品出现问题，客户不便将产品送至售后服务处时，销售人员可以主动上门为客户提供服务，这种方式对客户十分方便，但却需要销售人员投入大量的时间和精力。

2.定点服务

这种方式是销售人员在一个固定的场所为客户提供服务，可以同时为很多客户解决问题，是一种十分高效的方式。

3.咨询服务

随着科学技术的发展，产品更新换代的速度越来越快，很多客户在购买产品后不知道如何去使用，如何去保管。因此，客户可以通过电话咨询的方式去了解，这是一种十分便捷的服务方式。

4.促销服务

有些企业会使用市场促销的方式来回馈客户，通过赠送客户小礼品来吸引老客户的注意，并积极进行再销售的准备。

5.接待服务

每个企业都十分重视对客户的接待问题，当客户来访时，销售人员要热情接待，以此促进彼此之间感情联系。

6.检验服务

当产品出现问题时，销售人员可以通过检测服务帮助客户分析问题原因，从而提出解决办法。另外，对一些特殊产品，销售人员也可以提供定时检测服务，以此来保证客户安全使用。这样，不仅增加了客户的安全感，也为自己争取到一个与客户联系的机会。

## ※ 产品退换是一种另类的销售手段

在日常生活中，客户总是会担心自己购买的产品出现质量问题影响自己使用，因此会十分重视售后服务。如果企业能够做出“出现问题，包退包换”的售后承诺，那么就相当于给客户吃下了一颗定心丸。很多客户都有这样一种看法，认为不准退换的产品一定有质量问题，因此不敢下决心购买；即使是质量和品牌都有保证的产品，如果不能退换多少也会影响销售量。因此，现代企业为了取得客户的信任，打造品牌的信誉，都把允许退换作为一种经营策略，并因此受到广大客户的信赖与好评。

实际上，产品的退换也是一种另类的销售手段，它一方面可以在某种程度上打消客户购买商品时的顾虑，有利于促成交易；另一方面，通过产品退换服务可以有效挽救客户对产品的坏印象，为企业树立良好的口碑，让更多的客户对产品充满信心。

## ※ 售后服务是打破“同质化”的武器

随着市场竞争的日益激烈，很多产品和服务都日益趋向于“同质化”，由于大多数产品的性能、外观、服务大致相同，使得市场上出现了“千家一面”的情形，大大削弱了销售人员的竞争力。出于“同质化”的影响，不少企业只得将产品价格作为提高自身产品竞争力的筹码，通过降价、促销等手段来吸引客户，但往往收效甚微。因此，部分销售人员开始利用自身良好的售后理念作为打破“同质化”的武器，通过售后服务来赢得客户的忠诚，以此加强自己在市场上的竞争优势。

新的售后理念是赋予产品活力的唯一选择，“同质、同价，不同服务”会成为左右客户选择的重要依据。热情、周到的售后服务必然会在客户心中留下良好的口碑，帮助销售人员打开全新的销售局面。由此可见，市场趋同并不可怕，只要销售人员时刻对客户充满热情，以良好的售后服务回馈客户，那么就能获得满意的成果。

## ※ 坚定售后服务的宗旨

在实际的销售工作中，销售人员常常要处理一些因为误会导致的客户矛盾。为了更好地解决这些问题，销售人员要时刻坚定“热忱服务，以信誉求发展”的售后服务宗旨，并要求自己做到以下几点。

1.始终对客户微笑

微笑是人类最美丽的表情，因此在面对客户时，销售人员要时刻保持微笑的表情，让客户感受到我们亲切、温和的态度。这有利于缓解客户的不满情绪，减弱客户的抵抗心理，从而给客户留下一个好印象。

2.坚守诚信的信念

诚信决定着销售人员的事业成败与否，有些销售人员太过于重视眼前利益，在销售过程中对客户十分热情，许下了很多承诺，可是一旦客户成交后就把之前的承诺抛诸脑后，遇到客户反映问题就敷衍对待，这是很不可取的。销售不仅是一个物物交换的过程，也是一个用心交流的契机，所以销售人员要用自己诚挚的心对待客户，真诚地为客户解决问题。

3.处处为客户着想

要想让客户感到满意，最重要的一点就是要处处为客户着想，销售人员要能够站在客户的角度思考问题，把自己当做客户的助手，热心为客户排忧解难，降低损失。

## ※ 良好的售后服务能为你带来源源不断的回头客

在销售行业中，销售的重点并不仅仅是开发新客户，“留住回头客”也应该作为销售中的一个重点，那么怎样才能留住“回头客”呢？

一般来说，影响客户购买的最关键原因有三点，分别是：价格、服务、质量。由于市场“同质化”的影响，多数产品的质量和价格都没有什么明显分别，因此销售人员只能通过提高售后服务“留住回头客”。

李小姐想要在网上购买一本小说，在众多网店中，她找到了一家价格公道的小店，刚添加店主为好友就接到了对方的信息：“你好，要买书吗？”李小姐告诉店主自己想要××小说，对方很快把链接地址发过来。在付款成功后，李小姐想再咨询店主问题，店主就没有回应了。李小姐认为也许是店主的业务太忙，也就不太在意，继续在这家网店上逛，没几分钟她又找到了一本自己很感兴趣的书，便给店主留言问是否有货。没想到刚才“忙”得没有时间回复她信息的店主马上回了信息：“有货，稍等一下，我给你找下链接地址。”这下李小姐的心里就不太高兴了，如果说刚才真的很忙没有工夫回复，那为什么在自己再次购买时回答这么快呢？付完款后，店主又照旧对李小姐的咨询问题不理不睬。虽然这家店的价格和质量都很有保证，但是李小姐已经决定不会再在他家购买东西了。

销售人员要知道，即使你的价格再有优势，质量再好，一旦让客户感觉没有得到应有的服务和重视，那么客户就不会再向你购买任何产品。售后服务永远是销售行业的重中之重，是“回头客”的保证和来源。

# 参考文献

李会影.销售中的心理学诡计[M].北京:中国纺织出版社,2010.